AF322356

RECUEIL D'ETUDES

DU

GROUPE PARLEMENTAIRE POLONO-FRANÇAIS EN POLOGNE

2.

DIX ANNEES
DE
L'INDÉPENDANCE
DE LA POLOGNE

VARSOVIE 1929

RECUEIL D'ETUDES
DU
GROUPE PARLEMENTAIRE POLONO-FRANÇAIS
EN POLOGNE

2.

DIX ANNÉES
DE
L'INDÉPENDANCE
DE LA POLOGNE

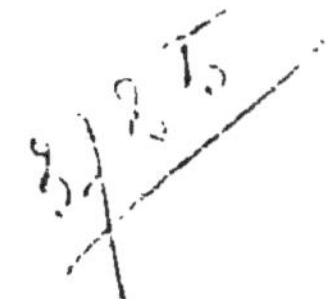

VARSOVIE 1929

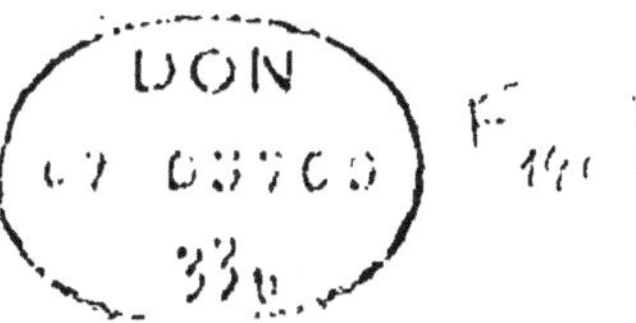

Odbito w drukarni „Robotnika", Warecka 7.

COMITE DE REDACTION

Président M. STANISLAS THUGUTT, ancien vice-président du Conseil, ancien député,

Membres M.M. JEAN DĘBSKI, député.

Dr. SIGISMOND GRALIŃSKI, député.

Dr. HENRI LOEWENHERZ, député.

MIECISLAS NIEDZIAŁKOWSKI, député.

Dr. STANISLAS STROŃSKI, député.

Secrétaire M. JOSEPH DWERNICKI.

· STANISLAS THUGUTT
ANCIEN DEPUTE. ANCIEN MINISTRE

La Renaissance de la Pologne.

Pour mesurer l'importance et la vitesse du développement d'un pays, il importe, avant tout, de bien connaitre son point de départ. Pour la Pologne, ce point de départ était marqué par la destruction presque totale de sa vie économique dúe à la guerre, et aussi, ce qu'on oublie quelquefois, par l'appauvrissement général, le recul de la culture, le manque d'expérience dans les grandes questions d'Etat ayant pour cause l'asservissement du pays pendant la durée de 4 ou 5 générations. Ce qui était pis encore, c'étaient les suites désastreuses des démembrements, la séparation des trois tronçons de la Pologne, avec ses trois législations et ses trois façons différentes d'agir et de penser.

Pour ce qui est de la dévastation causée par la guerre, elle n'était pas, certes, en chiffres absolues, égale à celle de la France. On l'évalue pourtant à 10 milliards de francs or, ce qui, pour un pays pauvre, est un chiffre énorme. Il y avait des provinces où plusieurs centaines de kilomètres carrés n'étaient que désert, sans trace aucune de culture humaine. Quelquefois, il était impossible de trouver, même avec une carte à grande échelle en main, le lieu où, quelques mois encore, il y avait des villages florissants. Les forêts n'étaient pas seulement dévastées par les batailles, les obus, les tranchées et les gaz: elles étaient coupées méthodiquement; on construisait des chemins de fer spécialement pour exporter le bois et le blé. Les terres privées d'engrais ou abandonnées par les cultivateurs, cessaient d'être fécondes; même là où on n'a pas cessé de les ensemencer leur fertilité a baissé dans une proportion importante (50 — 75%). Dans le seul ancien Royaume de Pologne, qui ne représente que le tiers de la Pologne dans ses limites actuelles, le nombre des habitations détruites, dans la première année de la guerre, se montait à 1.880.000. Avant de quitter cette province en 1915, les Russes ont évacué, dans les provinces intérieures de l'Empire, tous les services administratifs avec leur personnel et leurs archives, tous les fonds de la Banque d'Etat et des Caisses d'Epargne, tout le matériel des chemins de fer, les installations techniques des grandes usines, qui dépérissaient, abandonnées pendant des années entières en rase campagne, et les cloches d'églises qui formaient, dans les champs russes, les fameux „cimetières de cloches". Mais, le pire de tout, le veille du départ forcé de Varsovie, les autorités russes faisaient dans les rues la chasse aux jeunes gens qu'elles enrôlaient de force dans les armées et, avant de passer la rivière frontière du Royaume, poussaient dans le chemin de l'exil une vague

6

énorme de la population rurale, à peu près deux millions d'hommes, presque la sixième partie de la population totale de cette province.

On s'aperçut, quelques semaines après l'arrivée des Allemands, que les déprédations n'ont fait que changer de direction, les méthodes restant toujours les mêmes. C'est vers l'ouest maintenant qu'on évacuait ce qui restait de machines et de cloches d'églises, tout le cuivre qu'on confisquait même dans les logements privés, le blé, le bois, le bétail, toutes sortes de marchandises, même les étoffes pour femmes. On envoyait les jeunes ouvriers pour les services auxiliaires au front ou en Allemagne pour les contraindre à des travaux obligatoires dans les fabriques. Certes, la vie à cette époque était bien dure dans tous les pays belligérants. Mais il y avait, dans ces pays-là un gouvernement, une organisation sociale quelconque qui portait secours aux souffrants. Ici, rien ou presque rien. S'il y avait une organisation, un comité de secours, ils ne disposaient pas de ressources suffisantes pour alléger la misère. Presque tous les ouvriers qui n'ont pas été mobilisés ou obligés de quitter le pays, tous les ingénieurs, hommes de loi, écrivains ou employés ont perdu leur gagne-pain. Dans les familles où les maris étaient absents, on ne gagnait rien. Cette effroyable misère causa la mort d'un grand nombre d'enfants. Ceux qui restèrent en vie rappelaient presque toujours les images horribles qu'on a vues autrefois dans les descriptions de la famine aux Indes.

Pire que la disette était l'apathie qui commençait à envahir les âmes humaines. Dans l'Occident lointain, les nations entières combat-

taient pour leur idéal de justice, pour une vie
libre et paisible. Là-bas on souffrait, on mourait
s'il le fallait, pour une bonne cause facile
à comprendre et à toucher du doigt. Ici, après
le premier élan d'enthousiasme, comme on sen-
tait que les choses ne pouvaient rester où elles
en étaient, toutes les déceptions, un grand dé-
senchantement. Les promesses jetées à plein
bras par les pays belligérants, par le grand duc
Nicolas, chef de l'armée russe, par les deux
empereurs, allemand et autrichien: rien que de
la fumée, des mots vagues, une simple ruse de
guerre.

La guerre déclenchée, un ancien révolutionnaire de Varsovie, Joseph Pilsudski, forme
un petit détachement de volontaires pour combattre contre la Russie, le plus grand et le plus
dangereux des opresseurs de la Pologne. Il se
sert des éléments matériels de combat de l'Autriche qui, seule, veut bien les lui offrir. Mais
bientôt le chef et sa légion qui ne comptent pas
plus de 30.000 soldats, se sentirent découragés
par le manque de bonne volonté de la part des
empires centraux. Pilsudski donna sa démission
et fut bientôt arrêté pour être envoyé dans
une des prisons allemandes, la plupart de ses
officiers et soldats furent dispersés sinon em-
prisonnés eux-aussi. Les deux empereurs pro-
clamèrent, par un manifeste solennel, l'indépendance de la Pologne (5.XI. 1916), mais le
nouvel Etat n'avait ni frontières, ni aucun statut défini. En atendant, on a découpé un mor-
ceau de sa chair vivante, le district de Chełm
qui, aux termes du traité de Brześć, a été cédé
à la Russie.

La gauche radicale qui, au commencement

de la guerre, inclinait plutôt, par haine du tsarisme, à appuyer quiconque donnait la possibilité de prendre part activement au combat, désabusée par la brutalité des nouveaux oppresseurs, commence à s'organiser en vue d'une défense désespérée. A défaut d'un accord qui s'est avéré impossible, ce sont les balles de revolver envoyées aux policiers allemands qu'on entendait siffler dans les rues de Varsovie. Pliant sous un fardeau énorme des contributions de guerre, affaibli par le sang qui coulait à pleins flots, ayant changé de chaînes sans recouvrer la moindre parcelle de la liberté, le peuple polonais attendait son sort dans un silence morne, prêt à se défendre quand l'occasion s'en présentera. Un groupe de Polonais ayant quitté le pays, organisait la représentation nationale et le noyau d'une armée nationale à l'étranger en attendant la victoire des Alliés.

Et enfin cette victoire est venue. Sous les coups terribles qui leur étaient portés, les armées impériales se sont effondrées: l'armée autrichienne s'est subitement dissoute d'elle-même, l'armée allemande a fléchi ayant perdu jusqu'à la volonté de résistance. Ces faits, eurent, en Pologne, une repercussion immédiate. Le 6 novembre 1918, les détachements autrichiens désorganisés mirent bas les armes. A Lublin, chef-lieu de l'occupation autrichienne, le premier gouvernement national polonais se constituait. Les 10 et 11 novembre, les mêmes faits se sont produit à Varsovie. Pilsudski, revenu de Magdebourg, était proclamé Chef d'Etat et le second gouvernement provisoire de la Pologne était constitué; c'était le cabinet de M.

Moraczewski composé de socialistes et de populistes. Le 26 janvier 1919, ont eu lieu les élections au Parlement (Sejm) Polonais. Bien que contestée quelquefois dans les traités de droit constitutionnel, la „volonté générale" du peuple polonais, sa volonté de vivre et d'agir, s'est manifestée d'une manière éclatante. Sans attendre les résolutions du Congrès de la Paix qui venait d'être convoqué à Paris, la Pologne a proclamé son indépendance, prête à organiser son Etat et à le défendre.

La tâche était cependant des plus difficiles. Bien que, sur l'ancien château royal à Varsovie, flottait le drapeau national, les contours de l'Etat ressuscité se dessinaient à peine. Tout manquait: les vivres d'abord, après les dévastations dont le pays avait été victime, puis l'outillage industriel pillé pendant la guerre et sans lequel on ne pouvait pas remetttre en marche les usines; les médecins, alors que de terribles épidémies ravageaient de plus en plus le pays; le matériel roulant des chemins de fer qui était loin de satisfaire les besoins. Ce n'était pas seulement l'argent qui faisait défaut, mais les administrations qui pourraient le recueillir. Pire que la peste, le souffle enfiévré de la Russie anarchisée poussait la populace, exaspérée par les souffrances, à toutes les extravagances: pour la contenir, il n'y avait que bien peu de forces organisées. La police n'existait pas encore en dehors des grandes villes, les juges, les fonctionnaires d'Etat faisaient également défaut puisque, la Galicie exceptée, les Polonais n'étaient pas admis dans les cadres de l'administration.

Mais ce qui manquait surtout c'était la

force militaire pour repousser les convoitises des voisins. Il faut connaître l'enchevêtrement des nationalités dans cette partie de l'Europe pour se faire une idée de la complexité de la situation qui en résultait et où il n'était pas possible de trouver une solution juste et satis-faisante pour tout le monde. Les terres dans lesquelles les Polonais constituent une majo-rité indubitable, sont séparées des provinces centrales par d'autres provinces où ils ne sont qu'une minorité. Dans certaines provinces, les villes sont polonaises, mais dans leurs environs on ne trouve que de grands propriétaires et leurs domestiques qui sont Polonais. Ailleurs, les usines appartenaient aux Allemands ou aux Tchèques, mais toute la campagne environnan-te était polonaise. Dans ces conditions, tracer une frontière n'est pas chose aisée.

Sans attendre la sentence de Versailles, les Etats nouveaux ou les peuples en voie de libé-ration, voulaient pousser, aussi loin que leur force leur permettrait, les limites de leur domi-nation future. Les Tchèques pour affirmer leurs prétendus droits à la Silésie de Cieszyn, ont avancé leurs détachements presque jusqu'à Cracovie. A Lwow et dans toute la Galicie Orientale éclata une guerre civile entre Ukrai-niens et Polonais qui a duré plusieurs mois. Les Lithuaniens ont affirmé leurs prétentions à Wil-no que les Allemands avaient cédée aux Rus-ses. Les bolchéviks poussèrent leurs troupes très avant sur les terres purement polonaises en menaçant Varsovie. A tous ces agresseurs, on n'avait pas opposé, dans les premiers mois de l'indépendance, que quelques bataillons, sans pouvoir, à défaut d'une administration bien organisée, lever des troupes plus nombreuses. C'est à cette époque qu'on a lancé le mot cruel et malveillant que la Pologne est un Etat saisonnier. Infligeant un démenti à ces mauvais présages, elle a stabilisé définitivement ses frontières en 1923, d'abord de fait, puis en vertu de traités internationaux.

N'importe si ces frontières sont bonnes ou mauvaises. Dans les limites de l'Etat Polonais, à peu près la troisième partie de ses citoyens appartient aux minorités nationales. Il est resté en dehors de l'Etat 6 millions de Polonais qui vivent dans des conditions plus ou moins favorables; certaines de ses provinces lui sont contestées comme le fameux „couloir de Dantzig' (un drôle de couloir de 80 — 100 kilomètres de largeur qui est habité par une majorité écrasante de Polonais et dont les districts les plus avancés vers le nord étaient presque purement polonais même avant la guerre). Pourtant elle espère toujours que sa bonne volonté parviendra à calmer la démence de ceux qui voudraient ébranler l'édifice de la paix. Mais il y a plus: la Pologne est satisfaite de ce qu'elle possède. Excepté quelques fous, dont le nombre est infime, personne ne rêve aux agrandissements territoriaux. Or, pour un jeune Etat qui n'est pas particulièrement faible, c'est plutôt une force et un gage de paix universelle s'il est content de ce qu'il a.

Pour gagner la cause de la Pologne sur le terrain international, il fallait beaucoup d'efforts persévérants, sinon de sacrifices; il n'en fallait pas moins à l'intérieur pour édifier l'Etat, surtout que ces deux efforts devaient aller de pair. Le premier et le plus important problème à résoudre était le problème économique: il ne s'agissait pas seulement de donner au pays le bien-être, car chacun devait se préoccuper avant tout de trouver des moyens de subsistance, pour lui-même. Pour réparer les fautes commises au commencement, et pour suppléer au manque d'expérience, il fallait un élan patriotique, le même qui fait gagner les batailles. Heureusement, ce n'est pas le patriotisme qui manquait. Le premier emprunt intérieur — on ne pouvait pas encore rêver d'un secours venant du dehors—a donné en peu de temps 45 millions de dollars. Sans doute, ce n'était pas là une somme considérable par elle-même, mais il ne faut pas oublier qu'elle était donnée par un pays peu fortuné même au début de la guerre et que la catastrophe mondiale a ruiné totalement. Des gens relativement aisés, médecins ou avocats, y ont mis toute leur fortune et, ce qui est plus touchant encore, des gens tout à fait pauvres, ouvriers, institutrices modestes, pour acheter les titres de l'Etat, risquaient les économies chétives de toute leur vie grise et dure. Et le risque était sérieux, à cette époque où l'inflation commençait déjà de saper les fortunes les plus solidement assises. L'année 1924, lors de la fondation de la Banque de Pologne, la souscription de 100 millions zloty, égaux à ce moment-là aux francs suisses, fut couverte par le public avec excédent en deux mois. En même temps, le Parlement polonais renonça pour un an à une grande partie de ses droit, en donnant au Ministre du Trésor des pleins pouvoirs très étendus. Des spécialistes éminents qui pouvaient occuper des postes lucratifs dans l'industrie ou dans le commerce, offraient leurs services aux emplois civils ou militaires et se contentaient d'appointements des plus modestes alloués aux fonctionnaires de l'Etat.

La bataille n'est pas finie comme elle ne l'est nulle part dans le monde entier. Nous ne sommes pas à l'abri des surprises, des crises même qui peuvent être dures. Mais la nation a acquis non seulement une certaine expérience mais, ce qui vaut plus encore, la confiance en elle-même. Les premiers pas ont été faits et ils l'ont été presque sans aucun secours venant du dehors. Dans les premiers temps de notre indépendance reconquise, les Etats-Unis nous ont tendu, il est vrai, une main secourable dans la grande oeuvre de l'hygiène sociale et de la protection de l'enfance. En 1920, lorsque les troupes bolchévistes ont envahi la moitié de la Pologne, la France nous a prêté du matériel de guerre et envoyé quelques officiers éminents. Mais en même temps, d'autres Etats, amis sinon alliés, nous ont conseillé de nous soumettre au mauvais sort en demandant grâce à l'ennemi victorieux, ce qui eût équivalu au consentement à un nouveau démembrement. Lorsque nous nous trouvâmes aux prises avec les difficultés financières les plus graves, on voulut nous aider, mais à condition de soumettre la direction des affaires de l'Etat au contrôle d'un spécialiste étranger. Dans l'un et dans l'autre cas, nous n'avons pas suivi ces conseils et c'est probablement grâce à cela que nous vivons plus qu'une saison sans avoir aucune intention de mourir.

Tout en défendant et en organisant le pays, il fallait le moderniser le plus vite possible;

surtout les vastes étendues de l'ancienne Pologne russe étaient attardées de plusieurs dizaines d'années dans la voie du progrès. Depuis 1863, date de la dernière insurrection, le gouvernement ne construisait rien, sauf les bâtiments destinés pour les besoins militaires. Il y avait de grands territoires où, plus de 60 ans durant, on n'a pas construit un seul kilomètre de chaussée. On ne trouvait ni musées, ni bibliothèques, ni oeuvres philanthropiques ou sociales dans un pays qui pourtant possédait des bibliothèques datant du XII-ème siècle et une université fondée en 1364. Le nombre des écoles primaires était tout à fait insuffisant et elles n'avaient presque aucune valeur au point de vue pédagogique. Leur but unique était de dénationaliser les élèves: des gamins de 8 ou 9 ans se voyaient interdit, sous peine d'exclusion, de prononcer ne fut-ce qu'un seul mot dans leur langue natale. Dans certaines provinces, il était défendu de parler polonais dans tous les lieux publiques (bureaux, gares, etc...).

Il n'était pas facile de lutter contre ce régime par la bonne volonté des personnes ou des associations privées. Les associations étaient persécutées et fermées; rien que pour avoir distribué quelques brochures, même si elles avaient été approuvées par la censure, ou d'avoir enseigné à quelques enfants l'alphabet latin, on risquait d'être exilé pour 3 ou 4 ans dans les plaines glacées du nord, sinon en Sibérie. Les suites désastreuses d'un tel système ne se firent pas atendre: plus que la moitié de la population ne savait ni lire ni écrire; parmi les paysans, même ceux qui le savaient, le savaient seulement en russe. Les postes de professeurs, à l'université et dans les lycées, étaient confiés presque exclusivement aux Russes. Un savant polonais ne pouvait travailler et acquérir la renommée qu'en dehors de son pays qui, dans ces conditions, semblait condamné à retomber en peu de temps dans la barbarie. Aux heureuses nations qui n'ont jamais été privées de leur liberté, cela peut paraître un conte fabuleux; il faut convenir en tout cas que c'est un conte macabre.

Mais dix ans de liberté reconquise nous ont permis de rattraper une bonne part du temps perdu. Dans quelques années on ne trouvera plus d'enfants en âge scolaire privés de l'enseignement. Nous avons cinq universités, dont celle de Varsovie a vu augmenter sept fois le nombre de ses élèves, et dix hautes écoles. Le nombre des journaux est monté de 815 en 1923 à 1375 en 1927. Le nombre des bibliothèques importantes est passé à 451, celui des musées à 142. La faim de la science se manifeste partout, et c'est là le signe infaillible de la volonté de vivre.

Le même phénomène peut être observé dans le problème du développement et de l'assainissement de l'industrie. Il fallait acheter ou améliorer les installations techniques, reconstituer le capital fondu au temps de l'inflation, trouver de nouveaux marchés pour remplacer les marchés d'Orient d'avant-guerre. Cette tâche n'est pas achevée; cependant, si nous comparons notre industrie et la vitesse de son développement et de sa consolidation à celles des autres pays, nous devons constater qu'elle présente des valeurs de tout premier ordre dans diverses branches. L'augmentation de la production

de l'acier et de la fonte de 1924 à 1927 était de
beaucoup plus considérable en Pologne que
dans n'importe quel autre pays, sans en excepter l'Allemagne, si bien que cet essor de l'industrie polonaise est même un peu trop rapide.
Le déficit de notre bilan commercial est dû en
majeure partie à l'importation des machines et
des matières premières nécessaires. Il a fallu,
ces derniers temps, restreindre l'entrée de ces
marchandises et il faudra maintenir cette mesure de prudence jusqu'au jour où les économies du pays ou un emprunt étranger important viendront seconder les énergies nationales. En tout cas, ce n'est pas la fièvre qui
fait battre le coeur de la Pologne, ce sont les
forces exubérantes d'un corps sain et fort, ressuscité après une longue léthargie.

Et maintenant, si nous admettons que la
force vitale d'un peuple est peu variable et
difficilement extensible, il n'y a pas à s'étonner
que cette force n'a pas suffi à faire face à tous
les besoins qui se sont présentés. On a défendu
la liberté, consolidé les frontières, réorganisé
l'industrie, amélioré l'agriculture, purifié les
sources de la culture nationale. C'est beaucoup,
ce n'est pas tout. La force et le temps ont manqué, il est vrai, à la Pologne, pour consolider
son régime constitutionnel, mais il ne faut pas
oublier que la France, grande créatrice d'idées,
unifiée depuis des siècles, n'ayant jamais perdu
son indépendance, a eu besoin de près de 100
ans pour stabiliser la République.

Et encore, il convient de le rappeler, seule
une partie infime de la nation polonaise va jusqu'à répudier la République, bien que nombreux soient ceux qui ont perdu la foi dans le

régime parlementaire donnant des signes de défaillance et de décomposition dans tant d'autres pays de l'Europe. Or, la raison pour laquelle le Parlement polonais n'a pas réussi à faire prédominer sa volonté, c'est qu'il n'en avait pas suffisamment lui-même, ne sachant pas former une majorité stable. Mais former une majorité dans une assemblée dont la quatrième partie est constituée par les représentants des minorités nationales qui font opposition à tout gouvernement et à l'Etat lui-même, est un problème infiniment complexe.

Voilà encore une question qui attend toujours sa solution: celle des minorités. Dire que cette question est mal posée en Pologne, serait inexact; on pourrait dire plutôt qu'elle n'est pas posée du tout. Comme partout, il y a chez nous un fort courant nationaliste qui conteste jusqu'à l'existence même de ce problème. Cependant, la statistique et la vie prouvent le contraire. Tout de même le nombre de ceux qui s'aperçoivent qu'il y a une lacune dans notre pensée politique s'accroît lentement. Mais, jusqu'à ce jour, il n'y a, en cette matière, aucun programme national accepté si ce n'est pas par tout le monde, du moins par une majorité écrasante de la nation. On n'a pas le courage d'aborder cette question de front et de marcher aux conceptions hardies et profondes. Pourtant le problème est bien grave vu l'importance des minorités dans notre pays et sa situation géographique. Cependant, il ne faut pas désespérer. La génération actuelle, qui a connu l'enfer de l'esclavage, est certainement peu apte à accomplir cette tâche. Son sentiment national, portant les traces de blessures mal cicatrisées,

18

est peut-être trop susceptible: elle craint en effet de voir l'Etat souffrir des exigences des minorités poussées trop loin, crainte qui d'ailleurs n'est pas toujours fondée: en cas de différend entre l'Etat et l'individu, l'opinion publique prend parti le plus souvent pour l'Etat sans y regarder de plus près; il en est de même lorsqu'il s'agit d'une nationalité, surtout quand elle se déclare franchement hostile à l'Etat. Donc, il faut attendre, sans oublier que la tradition historique polonaise est, sous ce rapport, une des plus belles qui soient et que le caractère de la nation polonaise était de tout temps empreint d'un esprit de modération et de tolérance.

En attendant, on s'efforce d'épurer les sources où prennent leur origine les forces créatrices de la Nation. Il faut avant tout effacer les vestiges que le long asservissement a laissés dans la mentalité de la nation: le rôle tragique de martyre ne sourit plus à personne, pas plus que celui de héros qui combat pour les dernières étincelles de sa vie. Il vaut mieux se moderniser, créer et produire. Il faut aussi organiser la société. La vieille noblesse terrienne, depuis longtemps déjà, cède du terrain en s'effaçant devant de nouvelles couches sociales; elle a eu ses jours de gloire en unifiant le peuple qui composait l'ancienne Pologne, en servant de rempart aux incursions barbares, en créant, depuis le moyen-âge, une civilisation brillante. Depuis 60 ans, elle se disloque, elle perd sa richesse, ses terres, son influence. Le processus de morcellement de ses biens se ralentit après la guerre, parce que l'Etat, voulant réaliser une réforme agraire, fait obstacle au libre achat des terres; néanmoins, les grandes propriétés fondent comme la neige. Elever et instruire les nouvelles classes qui entrent dans la vie, est une des plus grandes tâches nationales. On ne peut pas nier que nous n'en sommes qu'au début de cette tâche, mais, le processus de l'épanouissement de la classe paysanne polonaise avance rapidement. Et il y a lieu de reconnaître que leur soif de la science, la conscience de leur force et la volonté d'assumer toutes les responsabilités font que si les paysans polonais sont des nouveaux-venus dans la vie nationale ils n'ont pas pour cela les traits un peu odieux des nouveaux-riches.

Cette source est inépuisée et presque inépuisable. Et c'est la raison pour laquelle on peut avoir pleine confiance dans l'avenir de la nation polonaise, pourvu qu'on la laisse travailler tranquillement.

Travailler, tout le monde le veut et en comprend la nécessité. C'est le secret de notre pacifisme, le plus sincère au monde, bien que toute la nation soit prête à défendre, même au prix des plus grands sacrifices, sa liberté reconquise.

STANISLAS STROŃSKI
DEPUTE.

La Pologne
sur le terrain international
1918 — 1928.

C'est dans le Traité de Versailles du 28 juin 1919 (surtout aux articles 87 — 93 sous le titre: Pologne, 94 — 98 sous le titre: Prusse Orientale, et 100 — 108 sous le titre: Ville Libre de Dantzig), ainsi que dans le Traité spécial signé le même jour entre la Pologne et les Principales Puissances Alliées et Associées (nationalité polonaise, minorités, dispositions générales d'ordre diplomatique et économique, en 21 articles), que l'Etat Polonais ressuscité est doté du statut fondamental et indispensable qui lui confère la qualité de membre de la communauté du droit des gens.

La Pologne a participé à la Conférence de la Paix et signé les traités de paix en sa qualité de Puissance Alliée qu'elle avait acquise déjà pendant la guerre mondiale. En effet, le Comité National Polonais, constitué à Lausanne le 15 août 1917 et ayant son siège principal à Paris, sous la présidence de M. Roman Dmowski et comptant parmi ses membres MM. Ignace Pade-

rewski et Maurice Zamoyski, a été reconnu suc-
cessivement par les Gouvernements de la France
(20.9. 1917), de la Grande Bretagne (15.10. 1917),
de l'Italie (30.10. 1917), des Etats-Unis d'Amérique (1.12. 1917), comme organisation officielle
polonaise, en même temps que la création d'une
armée polonaise fut autorisée en France (Décret du Président de la République, M. Poin-
caré, du 4.6. 1917), et aux Etats-Unis (Déclaration du Ministre de la Guerre, M. Baker, du
7.10. 1917), sous l'autorité du Comité National
Polonais (Note du Ministre des Affaires Etrangères, M. Pichon, du 20.3. 1918), à la tête de
laquelle le Comité mit le général Joseph Hal-
ler (6.10. 1918). Cette armée prit part aux combats dès le printemps 1918 et son nombre
s'élevait à plus de 100.000 soldats au moment
où elle quittait la France (avril 1919), pour arriver en Pologne. Après avoir reconnu le Comité National Polonais, les Grandes Puissances
Alliées ont proclamé, dans le message du Président Wilson (8.1. 1918), et dans la décision
des Présidents du Conseil de la France, de la
Grande Bretagne et de l'Italie (3.6.1918) la création d'un Etat Polonais uni et indépendant, avec
libre accès à la mer, comme une des conditions
d'une paix solide et juste et d'un régime de
droit en Europe. C'est en vertu de cette collaboration avec les Alliés pendant la guerre que
le Comité National fut invité (15.1. 1919), à dé-
signer deux délégués de la Pologne, comme
Puissance Alliée, à la Conférence de la Paix, et
qu'il nomma, d'accord avec le Gouvernement
qui était en train de se former à Varsovie sous
la présidence de M. Paderewski (17.1. 1919),
M.M. Dmowski et Paderewski, qui signèrent en-

suite les traités de paix au nom de la Pologne.
Bientôt après, M. Lansing notifie à M. Paderewski l'établissement des relations officielles
entre les Etats-Unis et la Pologne (26.1. 1919),
et puis la reconnaissance de l'indépendance et
de la souveraineté de l'Etat Polonais par la
France (24.2.1919), la Grande Bretagne (27.2.
1919), et l'Italie (28.2. 1919), se suivent de près,
simultanément à l'apparition de la Pologne parmi les Puissances Alliées à la Conférence de la
Paix. La Diète Polonaise confirme l'alliance
(27.3. 1919) en votant à l'unanimité l'acte qui
la consacre.

En même temps, vers la fin de 1918 et le
début de 1919, la nouvelle Pologne, dépourvue
encore de frontières fixées et reconnues, par-
vient à délimiter la première ébauche de son
territoire, les armes en main, de tous les côtés,
en repoussant des voisins qui lui disputent ses
anciennes terres. On chasse les troupes allemandes de la Posnanie (fin décembre 1918 et
janvier 1919), on se bat avec les Tchèques en
Silésie de Cieszyn (janvier et février 1919), on
lutte pour la possession du pays de Lwow contre le coup - de - main ruthéno-ukrainien accompli sous les auspices de l'Autriche forcée
d'abandonner son pouvoir (novembre 1918 jusqu'en juin 1919), tandis que, à l'est, du côté de
la Russie, le départ des troupes allemandes de
l'ancien front russe est suivi par l'établissement
d'un nouveau front polono-russe, lequel, par
Białystok et Brześć (février 1919), Pinsk (mars
1919), Wilno et Grodno (avril 1919), atteint
Minsk (août 1919) et Borysow (septembre 1919)
et avance à l'est au delà de la frontière actuelle. Ces conflits provoquent les premières inter-

ventions du Conseil Suprême de la Conférence
de la Paix et des décisions provisoires au sujet
de la Silésie de Cieszyn (1.2. 1919), une som-
mation du Maréchal Foch aux Allemands au sujet de la Posnanie (14.2. 1919), l'autorisation
accordée à la Pologne d'occuper (27.6. 1919) et
d'administrer (23.9. 1919) le pays de Lwo\
tandis que du côté de la Russie les événements
suivent leur cours sans aucune intervention des
Principales Puissances qui se réservent, aux termes de l'article 87 du Traité de Versailles, de fixer plus tard les frontières qui n'y sont pas encore fixées, c'est à dire toutes à l'exception de
celle avec l'Allemagne, et se bornent à proposer (8.12. 1919) une ligne provisoire d'administration polonaise dénommée ligne Curzon et
dépassée par les événements déjà au moment
où elle fut fixée.

Tels étaient les débuts: enthousiastes et
sages, compliqués et guerriers, héroïques et in-
certains.

Le premier effort de la politique extérieure
de la Pologne devait être voué à la fixation et
définitive des f r o n t i è r e s de l'Etat. Ce travail ne demande pas moins de quatre ans (1919—
1923) et se poursuit à travers les étapes suivantes: la majeure partie de la frontière occidentale
(1919), conventions et plébiscites supplémentaires à l'ouest concernant Dantzig et la rive
droite de la Basse Vistule (1920), la Silésie de
Cieszyn (1920), la Haute Silésie (1921), traité
de paix polono-russe et établissement de la
frontière orientale (1921), reconnaissance de la
frontière orientale avec la Russie et de la frontière septentrionale avec la Lithuanie par les

Principales Puissances (mars 1923), conformément à l'article 87 du Traité de Versailles. En
fin de compte, le territoire polonais d'avant les
partages (1772), ne fut reconstitué qu'avec des
mutilations très importantes à l'ouest, au point
sensible sur le littoral de la Baltique, et à l'est
avec l'abandon de très vastes régions arrachées
à la civilisation polonaise pendant un siècle et
demi de la domination russe.

C'est ce qu'on verra en faisant le tour des
frontières actuelles de la Pologne.

Dantzig, qui appartenait à la Pologne depuis ses débuts historiques avant l'an 1000,
avec un intervalle d'occupation par les Chevaliers Téutoniques au XIV-ème et dans la première moitié du XV-ème siècles, jusqu'à la fin
de son existence indépendante en 1793, fut constitué en Ville Libre qui n'est rattachée que
partiellement au territoire polonais. La première décision de la Commission des Principales
Puissances à la Conférence de la Paix constituée pour les affaires de Pologne, qui attri-
buait, à l'unanimité Dantzig à la Pologne (17.3.
1919), fut renversée par M. Lloyd George (19.3.
1919), et la constitution de la Ville Libre fut dé-
cidée. Toutefois, la Ville Libre de Dantzig (article 104 du Tr. de Vers.), est placée en deçà
des limites de la frontière douanière de la Pologne qui y reçoit des droits sans restriction
pour l'usage du port, l'administration des chemins de fer, ainsi que la conduite des affaires
extérieures de la Ville Libre. La Convention
entre la Pologne et la Ville Libre, prévue par
l'article 104 pour assurer à la Pologne les droits
indiqués sommairement dans cet article, fut
conclue le 9 novembre 1920 à Paris sous les aus-

pices des Principales Puissances et servit elle-même de base à l'accord détaillé de Varsovie du 24 octobre 1921.

Sur la rive droite de la Basse Vistule la Pologne avait possédé jusqu'aux partages un territoire important avec le port d'Elblong et la ville d'Olsztyn, englobé ensuite, sous l'administration prussienne, dans la province de la Prusse Orientale. Le Traité y préscrivit (art. 94—98), un plébiscite, qui eut lieu le 11 juillet 1920, au moment où l'armée rouge marchait sur Varsovie, et dont les résultats furent, par suite, déplorables pour la Pologne. Conformément à une clause spéciale du Traité (article 97), la Pologne reçut le long de la rive est de la Vistule une tranche de territoire pour pouvoir exercer le contrôle du fleuve.

Sur la rive gauche de la Vistule, la part de la Pologne, au bord de la mer, comprenait ce qui restait de l'ancien littoral polonais d'avant 1772, qui fut maintenant sensiblement réduit par la perte de la rive droite et du domaine de Dantzig. Encore, de ce littoral polonais à l'ouest de la Vistule, a-t-on découpé les districts de Lembork et de Bytow qui en faisaient partie dans le passé. En somme, le littoral polonais d'aujourd'hui ne s'étend que sur 146 km. avec la péninsule Hel, et 72 km. de littoral proprement dit, ce qui constitue moins d'un tiers de l'ancienne frontière maritime de la Pologne. Sa côte maritime, actuellement fort réduite, si l'on considère que, par exemple l'Allemagne en a 1488 km., est en général déserte, difficilement accessible aux grands bâteaux, et demande des constructions absolument nouvelles, comme le port de Gdynia qui doit compléter d'une façon

indépendante les droits de la Pologne à Dantzig. Ce littoral n'en présente pas moins, en dépit de toute sa pauvreté, une valeur inestima-
ble pour la Pologne.

En Posnanie, la frontière de 1772 est res-
tituée dans son ensemble, mais encore avec des
mutilations sur tout son parcours, qui laisse les
villes et districts de Czluchowo, Złotowo, Piła,
Miedzyrzec, Babimost, Wschowa, du côté allemand.

La Haute-Silésie fut attribuée toute entière à la Pologne encore dans le texte des Conditions de Paix remis aux Allemands le 7 mai
1919 à Versailles. Après la réponse de la Délé-
gation Allemande, une nouvelle intervention
de M. Lloyd George fit introduire dans le Traité définitif le plébiscite au lieu de l'attribution
pure et simple. Accompli sous la pression des
influences économiques et administratives allemandes établies de longue date dans ce pays
détaché de la Pologne au XIV-ème siècle, le
plébiscite du 20 mars 1921, dirigé, du côté polonais, par M. Korfanty, donna aux Polonais la
majorité dans la partie orientale du pays qui fut
attribuée à la Pologne (3.225 km.²), par la décision des Principales Puissances, sur l'avis du
Conseil de la Société des Nations, du 20 octobre
1921, suivie d'une Convention détaillée entre
l'Allemagne et la Pologne au sujet de la Haute-
Silésie, conclue le 15 mai 1922 à Genève sous
les auspices de la Société des Nations.

Du côté de la Tchécoslovaquie, un plébiscite ayant été préscrit par le Conseil Suprême
de la Conférence de la Paix le 11 septembre
1919, la Pologne a été forcée à y renoncer au
moment de la marche de l'armée russe contre

Varsovie et accepter une simple décision du
Conseil des Ambassadeurs qui, rendue le 28
juillet 1920, traça, dans la Silésie de Cieszyn et
dans les pays du Spisz et de l'Orawa au sud-
ouest, une frontière favorable à la Tchécoslovaquie, ce qui a été très péniblement ressenti en
Pologne.

La question des frontières orientales de la
Pologne a été réservée aux termes de l'art. 87
du Traité de Versailles, à une décision ultérieu-
re des Principales Puissances Allies. Au moment de l'offensive bolchévique, celles-ci ont
décidé, à Spa (10.7. 1920), d'accomplir cette tâche, en négociant la paix entre la Pologne et les
Soviets. La Russie Soviétique ayant rejeté cette offre et ayant déclaré qu'elle préférait traiter avec la Pologne, les Principales Puissances
se sont adressées à la Pologne (20.7. 1920) en
lui recommandant de traiter directement avec
la Russie. De cette façon les Principales Puissances ont transféré les droits qu'elles se sont
réservés en vertu de l'article 87 sur les négociations directes et, par conséquent, le Traité
de Riga qui en fut le résultat (préliminaires
10.10. 1920, définitif 18.3. 1921), était reconnu
d'avance par les Puisances. Le Traité a fixé
la frontière entre la Russie et la Pologne sur
toute la ligne, à partir du pays de Lwow au sud
jusqu'au pays de Wilno au nord, en laissant du
côté russe des territoires énormes qui, avant
les partages, ont appartenu à la Pologne.

Une difficulté spéciale surgit au sujet du
pays de Wilno. Au moment de l'offensive de
l'armée rouge qui obligea les troupes polonaises à abandonner Wilno dans leur retraite vers
la Vistule, les Soviets ont conclu (12.7. 1920) un

traité avec la Lithuanie, par lequel ils ont fixé
la frontière entre la Russie et la Lithuanie, en
lui laissant le pays de Wilno. La Pologne fit
appel à la Société des Nations contre l'attitude
de la Lithuanie. le Conseil de la Société des
Nations engagea une négociation, mais entre
temps, trois mois après la perte de Wilno, l'armée russe, battue sur la Vistule, fut repoussée
et un détachement des troupes polonaises sous
le commandement du général Żeligowski, agissant pour son propre compte parce que le
Gouvernement Polonais était lié du côté de la
Société des Nations, rentra dans le pays de
Wilno. Après maintes complications diplomatiques, un pas décisif fut fait par les élections
à la Diète de Wilno (8.1. 1922) dans lesquelles
la population a librement exprimé sa volonté,
et par la décision de la Diète (20.2. 1922) pro-
clamant la réunion du pays de Wilno à la Pologne, résolution qui fut ratifiée par la Diète
de Varsovie (24.3. 1922).

Après le coup de main lithuanien contre
Memel (11.1. 1923), les Principales Puissances,
ayant à régler d'une façon définitive l'état des
choses dans cette partie de l'Europe, ont reconnu en même temps, invoquant l'article 87 du
Traité de Versailles, l'ensemble des frontières
orientales de la Pologne, avec la Russie et avec
la Lithuanie, par une décision (15.3. 1923) du
Conseil des Ambassadeurs.

Le territoire de la Pologne avant les partages s'étendait sur 734.000 km.², celui de la
Pologne d'aujourd'hui n'est plus que les 388.328
km.², c'est-à-dire 52% du territoire ont été re-
pris, 48% ont été perdus. La Prusse a gardé 2%,
la Ville Libre de Dantzig 0,26%, la Lithuanie

7%, la Lettonie 2%, la Russie 37% de l'ancien
territoire polonais. Si les partages de la Pologne ont été appelés le plus grand crime de l'histoire moderne, il faut bien dire que la dénationalisation a fait, au cours d'un siècle et demi, en grande partie son oeuvre et que, par
conséquent, la restitution n'a pas pu être complète.

<hr>

Après avoir établi ses nouvelles frontières,
la Pologne reconstituée devait consacrer le
principal effort de sa politique extérieure à
consolider sa situation internationale par des
rapports bien définis avec les autres Etats.

Il était naturel, et tout indiqué, de s'en tenir à la grande réalité de l'histoire de nos jours
qui comporte les d i r e c t i v e s suivantes:

1) La collaboration des Alliés a créé le nouvel ordre politique européen et universel, dans
lequel la Pologne, entre autres Etats, a retrouvé son indépendance; cette collaboration ne
pouvait, bien entendu, demeurer, après la guerre, aussi étroite que pendant la guerre, et maintes divergences de vues et d'intérêts devaient,
nécessairement, se faire jour; toutefois, la politique extérieure de tout Etat allié pendant la
guerre, conscient de la grandeur historique des
événements de 1914 à 1918 et du revirement
qui les suivit en 1919, devait envisager le maintien de cette collaboration, aussi large que possible, n'ayant de pointe contre personne, mais
devant servir à la sauvegarde de l'ordre nouveau établi en toute conscience conformément
au sentiment d'équité.

2) Le but suprême de l'alliance du temps
de la guerre ayant été l'établissement d'une

paix juste et durable, l'effort de toute politique
extérieure, vraiment digne de ce nom, devait
porter, pour les Etats qui y ont pris part, sur la
consolidation de la paix.

La politique extérieure de la Pologne devait donc s'attacher, en premier lieu, à maintenir et à développer la collaboration avec tous
les Etats alliés, tous, sans exception, et avec
chacun par des rapports appropriés aux possibilités existantes, que ce soit l'alliance, l'amitié,
la bonne entente, et puis à établir des relations
amicales ou tout au moins normales avec les
autres Etats.

Pour tout dire, cette conception fondamentale excluait d'avance des idées puériles s'ima-
ginant la politique internationale comme un
champ de jeu dans lequel la Pologne pourrait
se mettre, par exemple, du côté de la France
et en opposition à l'égard de l'Angleterre, ou
bien faire le choix entre la France et l'Italie,
ou bien opter pour un front uni des Puissances
Européens contre l'Amérique, ou encore se lier
avec la Roumanie pour laisser de côté la Tchécoslovaquie, et ainsi de suite. Au contraire, la
Pologne désire que les meilleurs rapports réciproques s'établissent entre tous ces Etats,
sans escompter des avantages des tiraillements
qui pourraient les diviser. Son rôle à elle était
de contribuer de son mieux à l'entente générale
et d'établir en même temps, de son côté, avec
tous les Etats, les meilleures relations possibles
de la façon la plus conforme à chaque situation particulière.

———

La Pologne a inscrit le principe d'une bonne
entente constante avec le S a i n t S i è g e

dans sa constitution même (art. 114), assurant à l'Eglise la liberté illimitée de l'exercice du droit canon dans sa vie et son activité et annonçant la conclusion d'un Concordat. Ce fut une chance spéciale pour la Pologne d'avoir eu comme premier Nonce Apostolique Mgr. Achille Ratti, qui, après avoir acquis une connaissance très approfondie de la Pologne ressuscitée, devint Pape en 1922. Le Concordat fut signé à Rome le 10 février 1925 et ratifié le 23 avril 1925.

Le traité d'alliance entre la F r a n c e et la Pologne, signé à Paris le 6 février 1921 et complété le 19 février 1921 par une convention militaire, entra en vigueur dès le 6 février 1922. Ce traité, basé sur le respect des traités généraux existants et, en particulier, du Pacte de la Société des Nations, devait suppléer, pour la France et la Pologne, au manque, dans le droit international et dans ses institutions actuelles, de garanties suffisantes contre une agression non-provoquée. Au moment de la signature des traités de Locarno, le 16 octobre 1925, un nouveau traité de garantie a été signé entre la France et la Pologne, c'est-à-dire l'ancien traité fut adapté au cadre général des traités de Locarno. En somme, l'existence d'un traité spécial entre la France et la Pologne est le corrélatif des besoins de garanties particulières résultant de leur position géographique. Ces garanties, destinées à protéger la France, voisine de l'Allemagne, et la Pologne, voisine en même temps de l'Allemagne et de la Russie, ont comme suite naturelle une entente et une collaboration spéciales. La présence, en 1919 et 1928, d'une Mission Militaire Française à Varsovie et les grands services qu'elle a rendus à la formation de l'armée polonaise, le rôle important du général Weygand, envoyé par le Gouvernement Français, dans l'organisation de la victoire de 1920 contre l'armée rouge, l'arrivée en 1923 du Maréchal Foch, ainsi que la collaboration diplomatique très étroite et les relations politiques et intellectuelles ininterrompues entre les représentants des deux pays traduisent une amitié et une alliance d'une haute portée pour la paix et la stabilité de l'Europe nouvelle.

La Pologne a toujours attaché la plus grande importance aux bonnes relations avec l a G r a n d e B r e t a g n e. Ayant participé, pendant la guerre, aux décisions des Alliés en faveur de la reconstitution de l'Etat Polonais, l'Angleterre a toujours gardé, au fond des convictions de la nation britannique et dans la plupart des milieux politiques, de bonnes dispositions d'esprit à l'égard de la Pologne. Il faut y ajouter, bien entendu, toutes les nuances que comporte l'attitude de l'Angleterre à l'égard des nations avec lesquelles elle entretient de bons rapports, p. ex. à l'égard de la France ou de l'Italie, et qui sont souvent difficiles à définir ou à prévoir. D'autre part, les opinions personnelles des hommes politiques et les courants se faisant jour dans les partis politiques anglais y sont aussi pour quelque chose. Les préférences souvent capricieuses de M. Lloyd George, accompagnées de notions plutôt vagues sur tout ce qui concerne l'Europe centrale et orientale, ont exercé une influence défavorable sur les relations de l'Angleterre avec la Pologne déjà pendant la Conférence de la Paix, où M. Lloyd George était le seul à refuser à la Pologne

Dantzig et la Haute-Silésie, de même que, plus d'une fois dans les années suivantes, au moment de la marche de l'armée rouge contre Varsovie, pendant le plébiscite de Haute-Silésie, et lors de la Conférence de Gênes. L'attitude du Labour Party, malgré certaines réserves de ses chefs et quelques malentendus, a été, du temps du Gouvernement Ramsay MacDonald en 1924, moins nerveuse. Une collaboration suivie et empreinte de confiance s'établit au cours des cinq années du ministère où sir Austen Chamberlain assuma les fonctions de Ministre des Affaires Etrangères, en donnant aux rapports entre les deux pays une empreinte nettement amicale.

Les bons rapports entre l'I t a l i e et la Pologne, basés sur des traditions auxquelles la Pologne est très attachée, dans les premières années après la guerre tantôt raffermis par M. Sforza, tantôt affaiblis par M. Nitti, se sont fort heureusement développés et consolidés depuis l'avènement du gouvernement fasciste de M. Mussolini, pour revêtir la forme d'un contact normal et amical dans toutes les questions générales sur le terrain international.

Les E t a t s - U n i s de l'Amérique, où la tradition des luttes de Puławski et de Kościuszko aux côtés de Washington, avant les partages définitifs de la Pologne, s'est maintenue plus vivante que l'on n'aurait pu le supposer, ont joué un très grand rôle dans l'oeuvre historique de la reconstitution de la Pologne. L'effort de Paderewski auprès du Président Wilson et ses relations aussi amicales que nourries d'un travail constant d'information honnête et précise ont dirigé l'attention du grand peuple d'outre -

océan sur la nécessité de rétablir l'Etat Polonais. La déclaration contenue dans le fameux point 13 du Président Wilson, du 8 janvier 1918, fut suivie, à la Conférence de la Paix en 1919, d'une attitude favorable à la Pologne du Président lui-même et des collaborateurs MM. Lansing, colonel House, prof. Lord, dans les questions litigieuses de Dantzig et de la Haute Silésie, en même temps que de l'oeuvre de secours de M. Hoover, ainsi que d'une collaboration précieuse, dans l'organisation intérieure du pays, particulièrement du colonel Barber pour les communications. En 1920, au moment même de l'approche de l'armée rouge aux environs de Varsovie, la grande note des Etats-Unis du 10 août 1920 sur leur attitude générale à l'égard des Soviets a beaucoup contribué, dans tous les pays, à jeter la lumière nécessaire sur l'importance de la lutte engagée aux bords de la Vistule. Après la reconnaissance, par les Principales Puissances, en vertu de l'article 87 du Traité de Versailles, que les Etats-Unis n'ont pas ratifié, des frontières orientales de la Pologne, une note spéciale remise par M. Hugh Gibson à Varsovie le 5 avril 1923 a enregistré la reconnaissance supplémentaire, par les Etats-Unis, du territoire de la Pologne. Dès 1925, les milieux financiers de New-York, avec la Federal Reserve Bank en tête, s'intéressent à la stabilisation de la monnaie polonaise et, après une visite de leur expert M. Kemmerer, un crédit de stabilisation est accordé à la Banque de Pologne en 1927. Si les manifestations de bons rapports entre les Etats-Unis et la Pologne sont, nécessairement, comme c'est le cas pour la plupart des autres pays européens, des manifestations en quelque sorte par intervalles, rien n'affaiblit les bases de l'amitié entre les deux nations contractée au moment de la libération des Etats-Unis et renouvelée au moment de la résurrection de la Pologne.

La Roumanie et la Pologne, toutes deux voisines de la Russie et séparant celle-ci de l'Europe Centrale sur toute l'étendue qui va de la Mer Baltique à la Mer Noire, ont conclu un traité défensif d'alliance signé par les Ministres des Affaires Etrangères MM. Sapieha et Take Jonescu à Bucarest le 3 mars 1921, et suivi d'une collaboration diplomatique dans toutes les questions intéressant les deux pays ainsi que d'un commencement de rapprochement entre parlementaires, journalistes et autres milieux respectifs des deux pays.

Le début des relations entre la Pologne et la Tchécoslovaquie fut profondément troublé par la question de la Silésie de Cieszyn, et des pays d'Orawa et de Spisz, où il s'agissait d'établir une frontière équitable entre les deux Etats. Après un conflit armé en janvier 1919 et la décision du Conseil Suprême en septembre 1919 d'éffectuer la délimitation selon les résultats d'un plébiscite, la Pologne fut contrainte, au moment de la marche des Soviets contre Varsovie, de renoncer au plébiscite et d'accepter la décision pure et simple de la Conférence des Ambassadeurs du 28 juillet 1920, très défavorable pour la Pologne. Néanmoins, pour compléter le système politique créé par les alliances avec la France et avec la Roumanie, M. Skirmunt, Ministre des Affaires Etrangères, signa avec M. Benes un traité politique d'amiié très précis à Prague le 7 novembre 1921. Les conflits qui se sont élevés à pro-

pos de la limitation d'une partie du territoire
laissée en suspens ont empêché la ratification
de ce premier accord. Ce n'est que le 22 avril
1925, lors du séjour de M. Benes à Varsovie,
qu'un traité d'amitié et d'arbitrage fut signé.
Entre temps, les relations entre les deux pays
sont devenues réellement amicales et la collaboration diplomatique s'est établie de la façon
la plus régulière.

La Roumanie, alliée de la Pologne, et la
Tchécoslovaquie, liée avec la Pologne par un
accord d'amitié, forment, avec la Yougoslavie,
qu'aucun intérêt divergent ne separe de la Pologne, le groupe de la P e t i t e E n t e n t e en
vertu des accords du 14 août 1920, 23 avril 1921,
31 août 1922. Ces conventions défensives, pour
le maintien du statu quo du côté de la Hongrie
ou bien de la Bulgarie, ont un cadre spécial
dans lequel la Pologne n'entre pas directement
comme partie aux conventions. Toutefois, inté-
ressée qu'elle est dans le maintien de l'ensemble
de l'oeuvre de la Conférence de la Paix, la Pologne entretient un contact amical non seulement
avec chacun des trois Etats pris separément mais
aussi avec le bloc qu'ils forment sous le nom de
Petite Entente.

La politique de la Pologne à l'égard des
P a y s B a l t i q u e s: Lettonie, Esthonie et Finlande, est dictée par deux considérations importantes. En premier lieu, l'indépendance de ces
pays qui se trouvaient, avant la guerre et la révolution russe, sous la domination de la Russie,
est non seulement contemporaine à la reconstitution de l'Etat Polonais, mais aussi déterminée
par le même revirement politique en Europe O-
rientale, ce qui fait naître un sentiment de solida-

rité en vue du maintien de l'indépendance reconquise. En même temps la Pologne comprend très bien que son amitié avec les Pays Baltiques ne saurait comporter aucune pointe dirigée contre la Russie, ce qui aurait pour conséquence d'envénimer constamment les relations de la Pologne avec la Russie sans aucun avantage pour les petits Etats qui, riverains de la Baltique et formant des territoires de transit entre la Russie et l'Occident, ont tout à gagner, économiquement et politiquement, à entretenir des rapports corrects et inspirés d'un esprit de paix et de collaboration économique avec la Russie. Après plusieurs Conférences des Pays Baltiques, dont la série a commencé en 1920 à Varsovie et qui ont eu pour conséquence une action commune déjà à la Conférence de Gênes en 1922 où l'Allemagne et la Russie sont entrées pour la première fois en contact avec les autres Etats de l'Europe, une nouvelle Conférence, tenue à Varsovie en 1924, a préparé la signature, à la Conférence Baltique d'Helsingfors, le 17 janvier 1925, d'une convention multilatérale de conciliation et d'arbitrage conclue par la Pologne, la Finlande, l'Esthonie et la Lettonie. La politique de la Pologne dans cette partie de l'Europe trouve sa meilleure expression dans les pourparlers avec la Russie en 1927 et 1928, au sujet d'un pacte de non-agression, auquel la Pologne a voulu voir participer les Etats Baltiques, également désireuse de vivre en paix avec la Russie et d'obtenir des garanties de l'indépendance des Pays Baltiques.

C'est avec une vive satisfaction que la Pologne voit se développer normalement ses relations amicales avec les pays a l l i é s du temps

de la guerre, la Belgique, la Grèce, le Japon et
les Républiques de l'Amérique du Sud. Il en est
de même pour les pays n e u t r e s, l'Espagne,
la Suisse, la Hollande, les Pays Scandinaves.
Sa satisfaction n'est pas moins grande de voir
les bons rapports s'établir aussi avec les anciens
pays b e l l i g é r a n t s ayant combattu dans le
camp des puissances centrales; la Pologne se
félicite de ses bonnes relations avec l'Autriche,
tout en partageant le point de vue général des
Alliés au sujet de l'Anschluss; elle n'abandon-
ne pas ses sentiments d'amitié traditionnels
pour la Hongrie, sans laisser de doute au sujet
du respect des traités existants; elle se réjouit
de la sympathie réciproque qui inspire ses relations avec la Bulgarie; et elle attache beaucoup
d'importance au renouvellement de bons rapports avec la Turquie.

C'est automatiquement que la Pologne se
trouva en guerre avec la R u s s i e après l'armistice du 11 novembre 1918, parce que les Allemands, en se retirant, à la fin de 1918 et au
début de 1919, de la ligne de leur front orien-
tal, gardaient un contact amical avec les troupes bolchéviques, en leur cédant la place au
fur et à mesure qu'ils opéraient leur rapatriement, et que les Soviets, de leur côté, manifes-
taient un vif désir de pousser aussi loin que
possible vers l'Europe Centrale, où ils enten-
daient provoquer et soutenir des révolutions
communistes. Cette avance russe devait se heur-
ter à une résistance de la Pologne qui tendait à
établir sa frontière orientale. C'est ainsi que la
Pologne assuma, toujours automatiquement, de
par les lois géographiques, sa première grande

tâche d'ordre international dans l'Europe nouvelle, qui consistait à former un barrière entre l'Allemagne et la Russie. Vers l'automne 1920 le front atteint, sans grandes batailles, une ligne située plus loin à l'est que la frontière actuelle de la Pologne. Entre le 29 janvier et le 20 avril 1920 une proposition de paix et d'armistice adressée par les Soviets à la Pologne et un échange de notes n'aboutissent pas à faire cesser les hostilités. En mai 1920 les troupes polonaises sont pour quelques jours à Kiew, au mois d'août 1920 les armées rouges atteignent, pour quelques jours aussi, la banlieue de Varsovie. Après la bataille de Varsovie (15 août 1920) et la reprise du territoire perdu, les préliminaires de Riga (10 octobre 1920) et le Traité de Riga (18 mars 1920) amènent la paix. Le traité polono-soviétique, tout en fixant les frontières actuelles, stipule aussi les conditions du rapatriement et des restitutions dûes à la Pologne, surtout d'oeuvres d'art et de bibliothèques, et établit le principe de la non-intervention réciproque dans les affaires intérieures de l'autre pays.

Du côté polonais la volonté de la paix était dictée par des considérations politiques nettement définies. Il existait en Pologne, pendant les hostilités, une tendance à favoriser une désagrégation de la Russie par la création des Etats séparés de l'Ukraine (Kiew) et de la Ruthénie Blanche (Minsk) qui entreraient peut-être en un système fédéral avec la Pologne. L'offensive sur Kiew et la collaboration avec le général ukrainien Petlioura étaient des manifestations de cette tendance politique. Cependant l'opinion a prévalu dans notre pays que la Pologne, dont toutes les forces et tous les ef-

forts étaient sollicitées par la reconstruction
intérieure, devait éviter de les disperser en poursuivant des projets vagues sur les vastes territoires de la Russie, et que, au surplus, la Pologne n'avait aucun intérêt à compliquer une tension permanente avec l'Allemagne de tiraillements stériles avec la Russie. La Pologne entendait donc observer rigoureusement la clause de
non-intervention du Traité de Riga, en exigeant la réciprocité de la part des Soviets dou-
blés de l'Internationale Communiste plutôt ex-
pansive.

Du côté russe, plusieurs facteurs contri-
buaient à rendre l'application de la paix assez
précaire. Si une méfiance se manifestait tout d'a-
bord en présence des tendances polonaises, dirigées contre l'unité russe, il était de plus en
plus évident que ce danger s'effaçait. En revanche, l'idéal de la révolution universelle, qui
a troublé les relations des Soviets avec tous les
Etats, devait se faire sentir à plus forte raison
encore à la Pologne, voisine directe de la Russie communiste. L'amitié germano-soviétique,
cultivée avec soin par les diplomates allemands,
n'était pas non plus de nature à améliorer les
relations polono-russes. Peu à peu, toutes les
méfiances des Soviets, et surtout toutes les raisons sérieuses qu'ils avaient de faire oublier
leurs torts au point de vue de la correction des
relations internationales, se sont exprimées dans
la thèse d'après laquelle la Pologne, aux ordres
de l'Angleterre ou de la France ou des deux
pays à la fois, guetterait le moment propice
pour s'élancer contre la Russie. Cette thèse, où
il y avait beaucoup plus de sonorité, indispensable dans les réunions populaires communistes, que de réalité politique capable de retenir

à la longue l'attention des diplomates et hommes politiques russes, se heurtait à cette vérité évidente que l'immense majorité de la nation polonaise et des partis politiques était animée d'un esprit foncièrement pacifique à l'égard de la Russie. Et la conviction que là se trouve la vérité et que c'est sur cette vérite que doit être basée toute politique réaliste faisait du chemin en Russie.

M. Tchitcherine, Commissaire aux Affaires Etrangères, qui, pendant la Conférence de Gênes de 1922, ainsi qu'au courant des années 1923 et 1924, avait adressé à la Pologne mainte note chicanière passa les journées des 27—29 septembre 1925 à Varsovie et y fut reçu par le Gouvernement Polonais. Cette visite était, par elle-même, l'indice d'une détente considérable. Il est vrai que M. Tchitchérine s'intéressait spécialement à ce moment à la Conférence de Locarno qui allait commencer et que, de Varsovie, il se rendit à Berlin. En tout cas, l'apaisement était visible.

Dès 1926, des conversations diplomatiques ont commencé entre Varsovie et Moscou au sujet d'un pacte de non-agression. Du côté polonais, on y mit trois conditions essentielles: que le pacte ne contienne aucune clause contradictoire avec les obligations à l'égard de la Société des Nations; qu'il entoure les obligations contractées d'une procédure d'arbitrage en cas de conflit; que le pacte envisage un caractère multilatéral admettant la participation de tous les voisins occidentaux de la Russie, c'est-à-dire des Pays Baltiques, de la Pologne, de la Roumanie. Les négociations ont été très longues. La Russie ne fit point opposition à la première condition; la deuxième lui parut inacceptable, ce qui s'explique par le fait que l'Etat Soviétique se considère comme isolé sur le terrain international et voit des difficultés à trouver un arbitre; la troisième a été la plus contestée.

La première période des négociations fut troublée, le 7 juin 1927, par l'assasinat du représentant diplomatique des Soviets à Varsovie, M. Woykow, par un jeune émigré russe. L'attitude de l'opinion publique en Pologne et le verdict du tribunal polonais donnèrent satisfaction aux Soviets. Les conversations continuaient, à une allure ralentie, sans aboutir.

Entre temps, après la signature et avant la ratification du Pacte Kellogg, M. Litwinow adressa à la Pologne, le 29 décembre 1928, une note, dans laquelle il propossait de signer ensemble un protocole en vertu duquel le Pacte entrerait immédiatement en vigueur entre les deux Etats. La Pologne jugea opportun d'élargir le cercle des signataires à tous les voisins de la Russie. Le 9 février 1929, le protocole fut signé à Moscou par l'Union des Soviets, la Pologne, la Roumanie, la Lettonie, l'Esthonie. Bientôt après, le Pacte Kellogg, ayant obtenu le nombre de ratifications nécessaire, entra en vigueur entre tous les Etats signataires et le Protocole spécial devint superflu. Cependant, il donna occasion de signer à cinq un pacte de non-agression.

Les garanties de sécurité en Europe Orientale se trouvent ainsi réduites pour le moment au Pacte Kellogg dépourvu de toute sanction et ne comportant aucune procédure pacifique. Mais les obstacles qui entravaient la conclusion

d'un pacte de non-agression proprement dit ont
peu à peu disparu. En effet, des trois difficultés
initiales, celle de faire concorder un pacte de
non-agression avec le Pacte de la Société des Nations fut écartée la première; en second lieu la
signature du Protocole de Moscou prouva la
possibilité de conclure un accord multilatéral;
enfin une convention germano-soviétique récente substitua à l'arbitrage au moins la conciliation. Or, puisque les Soviets, dans leurs notes
adressées à la Pologne avant la signature du
Protocole, ont spécialement insisté sur le fait
que la signature du Protocole ne devrait aucu-
nement mettre fin aux négociations concernant
un pacte de non-agression effectif, la réalisation de ce projet paraît tout indiquée.

En dépit des relations actuelles de la Pologne avec la L i t h u a n i e, il est impossible d'in-
culquer au peuple polonais la haine du peuple
lithuanien. Demeuré païen jusqu'à la fin du
XIV-ème siècle et menacé dans son existence
même par les Chevaliers Teutoniques, le peuple
lithuanien trouva son salut dans l'union avec
la Pologne, accomplie en vertu d'un accord bé-
névole, sans aucune annexion, en 1386, et suivi
du baptême de la Lithuanie. Au cours des siècles, les Polonais se sont habitués à regarder
les Lithuaniens comme des frères et la Lithuanie comme une des régions de la Patrie commune. L'union peut bien ne plus exister aujourd'
hui, si telle est la volonté du peuple lithuanien
ou de ses dirigeants, mais rien n'arrachera du
coeur des Polonais les sentiments fraternels qu'
ils nourrissent à l'égard de ce peuple.

C'était l'Allemagne qui établit pendant la

guerre, en 1917, les premières bases d'un Etat Lithuanien séparé. En prenant cette initiative, cela va sans dire, elle savait ce qu'elle faisait et avait une claire conscience du but qu'elle voulait atteindre. Rien de plus naturel que de voir, après la guerre, les chefs politiques de la Lithuanie persister dans cette voie et participer au réveil général des nationalités. La Pologne n'a qu'à accepter cet état de choses nouveau. Toutefois, si le pays de Kowno est lithuanien, le pays de Wilno, où les Lithuaniens n'atteignent pas 10%, est polonais et il serait absurde de l'arracher à la Pologne et le rattacher à la Lithuanie, comme le demandent les chefs politiques lithuaniens.

Lors de la marche des bolchéviks sur Varsovie et de la retraite des troupes polonaises, la Lithuanie a voulu mettre le main sur Wilno, au mois de juillet de 1920, mais les Lithuaniens ont été obligés d'abandonner ce pays au moment de la retraite des troupes rouges en octobre 1920. Les Soviets qui, dans le traité de Moscou du 12 juillet 1920, ont fait cadeau de Wilno aux Lithuaniens, à peu près pour les mêmes motifs d'hostilité contre la Pologne qui ont inspiré aux Allemands la création de l'Etat Lithuanien, ont ensuite, dans le traité de Riga du 10 octobre 1920 et du 18 mars 1921, sans faire grand cas de la plaisanterie juridique que constituait leur accord avec la Lithuanie, fixé leur frontière avec la Pologne dans le pays de Wilno. A partir de ce temps, la Lithuanie fait un procès permanent à la Pologne au sujet de Wilno, dont la population elle-même, par les élections du 8 janvier 1922 et les décisions prises le 20 février 1922 par l'Assemblée élue, a affirmé sa volonté d'appartenir à la Pologne.

Le 18 novembre 1922 la Lithuanie s'est adressée aux Principales Puissances en leur demandant de faire usage du droit qui leur était conféré, aux termes de l'article 87 du Traité de Versailles, de fixer les frontières orientales de la Pologne. La 15 février 1923, après le coup-de-main lithuanien contre Memel du 11 janvier 1923 qui prouva la nécessité de donner des bases juridiques formelles à l'état de fait dans cette partie de l'Europe, la Pologne adressa la même demande aux Principales Puissances. La décision des Principales Puissances du 15 mars 1923, en invoquant les deux requêtes, lithuanienne et polonaise, qui lui avaient été adressées, confirma les frontières existantes de la Pologne et lui adjugea définitivement le pays de Wilno.

Les tentatives de la Lithuanie de mettre en doute la légalité de cette décision ne pouvaient plus être prises au sérieux, pas plus que ses déclarations fréquentes d'après lesquelles elle se trouverait en état de guerre avec la Pologne. Le 10 décembre 1927 le Conseil de la S.D.N., à Genève recommande à la Lithuanie, qui devait renoncer expressément à cette formule de l'état de guerre, d'entrer en relations diplomatiques régulières avec la Pologne. Depuis ce temps, le chef du Gouvernement de Kowno, M. Waldemaras, fait la joie des chancelleries en se dérobant, par des détours amusants, à l'exécution de cette recommandation, la Pologne attend, le Conseil renouvelle ses sommations, et le jeu continue.

Entre temps la Lithuanie, qui paraissait au moment de l'accord de Moscou du 28 septembre 1926 se rapprocher des Soviets, retomba sous l'influence exclusive de l'Allemagne, comme le prouve, entre autres le traité de commerce germano-lithuanien du 30 octobre 1928.

La Pologne est actuellement unanime à approuver une politique de patience en présence des provocations sans cesse renouvelées du Gouvernement de Kowno. Dans ces provocations il est impossible de ne pas discerner un système, qui tend à maintenir un état d'incertitude autour de l'Etat Polonais. La Pologne qui n'entend pas, en s'abandonnant à l'indignation, faire le jeu de ses adversaires, s'en remet tranquillement au Conseil de la Société des Nations.

Les relations entre la Pologne et l'A l l e m a g n e sont dominées par l'esprit de rancune que l'Allemagne garde envers la Pologne ayant été obligée de lui restituer, en vertu du Traité de Versailles, les terres qui avaient été, avant l'an 1000, le berceau de l'Etat Polonais et dont la population est toujours restée polonaise. D'ailleurs, le sentiment y joue un rôle bien moins important qu'un raisonnement et un calcul politiques des plus simples. Sans être animée de sentiments plus bienveillants à l'égard des Puissances Occidentales, l'Allemagne se rend bien compte de l'inutilité absolue de tout essai de revanche de ce côté-là dans un proche avenir. Par contre, elle en voit la possibilité à l'est, où la stabilité est plus précaire, ne fût-ce qu'à cause du facteur russe. Dès le moment où le comte Brockdorff-Rantzau protesta, le 29 mai 1919, contre les conditions de paix, cette orientation de la politique allemande apparaît comme nettement arrêtée.

La Pologne reconstituée se trouve donc de

nouveau en présence d'une poussée germanique vers l'est connue dans l'historie sous le nom du Drang nach Osten. Plus avouable que dans le passé, parce qu'apparemment commandée par le désir de reconquérir les provinces récemment perdues dont on ne dit pas qu'elles avaient été arrachées à la Pologne et ne sont que restituées, cette tendance, qui menace de troubler la paix de l'Europe, s'étale au grand jour. L'effort principal de la propagande, intérieure et extérieure, de l'Allemagne, lui est voué. L'expression, brutale ou modérée, de cette tendance varie suivant les partis politiques. Mais le mot d'ordre de révision des frontières orientales de l'Allemagne est quasi-unanime et apparait jusque dans les déclarations officielles elles-mêmes.

Au cours des cinq premières années qui ont suivi la signature et l'entrée en vigueur du Traité de Versailles (1920-1924) l'éloignement général de l'Allemagne du terrain international européen voile quelque peu cette tendance hostile à la Pologne. L'Allemagne se borne à intenter ou à encourager contre la Pologne tous les procès possibles résultant de l'exécution du Traité. Outre la grande question du plébiscite de la Haute-Silésie, les problèmes de Dantzig de la nationalité polonaise ou allemande, de la liquidation des biens, de la minorité allemande en Pologne, sont posés devant la Conférence des Ambassadeurs, le Conseil de la Société des Nations, le Tribunal de la Haye. Toutefois, les tendances nettement agressives restent, dans cette première période, plutôt voilées.

C'est au cours de la seconde moitié de la décade (1925-1929), qui coïncide avec l'a-

48

vènement du Président Hindeburg (26 avril
1926) après l'apparition de M. Stresemann à
la Wilhelmstrasse (août 1923), que la politique allemande en général et l'offensive contre la Pologne en particulier deviennent plus
actives, en se manifestant surtout dans les domaines suivants:

1. L'Allemagne prétend établir à Locarno,
en octobre 1925, une différence entre la stabilité et l'inviolabilité des frontières occidentales
et des frontières orientales.

2. Par le Traité de Berlin, conclu avec les
Soviets, le 24 avril 1925, l'Allemagne renouvelle
et renforce le Traité de Rapallo de 1922, en
l'adaptant à son accession prochaine à la Société des Nations. En même temps, elle demeure la principale protectrice de la Lithuanie qui
s'attache de son mieux à harceler la Pologne et
à troubler la paix. Il s'agit de préparer un tem-
pête en Europe Orientale.

3. En entrant, en 1926, dans la Société des
Nations, et en y obtenant un siège permanent au
Conseil, l'Allemagne combattait à outrance la
proposition d'accorder, en même temps, un
siège permanent à la Pologne.

4. Les négociations concernant un traité
de commerce à conclure entre l'Allemagne et la
Pologne, après l'expiration de l'accord précé-
dant en 1925, trainent depuis quatre ans. L'opposition au traité est en Allemagne, en partie,
déterminée par des motifs d'ordre politique. La
droite estime qu'il est préférable de n'apporter
aux relations entre les deux pays même un apaisement partiel qui résulterait des rapports économiques réguliers.

5. Après plusieurs raids sur ce terrain, M.

Stresemann entreprit au Conseil de la Société des Nations (Lugano, décembre 1928, Genève mars 1929, Madrid juin 1929) une attaque en règle au sujet du problème des minorités, dirigée nettement contre la Pologne.

Les visées de l'Allemagne, sur ce vaste front d'action politique, ne sont pas toujours efficaces et couronnées de succès, mais, dans l'ensemble, elles constituent un des ressorts les plus marquants de la vie européenne contemporaine.

En Pologne, on est unanime à considérer comme regrettable cette inimitié irréductible. On y croit que toutes les données existent pour une collaboration économique utile de la Pologne agricole et de l'Allemagne industrielle, de même que l'on désire, au point de vue politique, des rapports corrects et empreints d'un sentiment de bienveillance entre l'Allemagne et tous les autres Etats. Cependant cet apaisement est impossible tant que l'Allemagne s'obstine à soulever constamment la question des frontières, sans tenir compte de cette vérité élémentaire que la Pologne ne saurait sacrifier son vieil et unique accès à la mer pour rendre plus aisées les communications du Reich avec la Prusse Orientale, pays conquis à l'instar d'une colonie, et qui n'a jamais eu de communication directe avec la Prusse avant les partages de la Pologne.

Il semble bien que, en Allemagne même, les partis qui reconnaissent l'importance du maintien de la paix s'aperçoivent du danger permanent d'une politique qui lance le mot d'ordre d'une revision des frontières, réalisable seulement par une nouvelle guerre. La distinction qu'ils y apportent, en parlant d'une revision pa-

cifique, n'est qu'un jeu de mots fallacieux et
dangereux qui ne fait que favoriser la politique de revanche. Il devient de plus en plus
clair qu'il faut choisir entre la politique de paix
et la politique de revision des frontières. C'est
à ce carrefour que, semble-t il, une partie de
l'opinion publique allemande reste hésitante à
l'heure actuelle.

Les débuts de la Pologne à la Société
des Nations étaient plutôt pénibles.

Dès les premières séances du Conseil et de
l'Assemblée, en automne 1920, la Société s'occupe du pays de Wilno, sur lequel les Lithuaniens ont voulu mettre la main en juillet 1920
profitant de l'offensive bolchévique et de la retraite polonaise. L'affaire devient retentissante
et se complique par le coup de main du général Żeligowski qui reprend la ville en octobre
1920 comme partisan. Certes, il aurait été préférable d'y voir les troupes polonaises rentrer
officiellement après trois mois d'absence forcée. Les négociations engagées sous les auspices
de la Société des Nations en 1921 à Bruxelles
n'aboutisement pas, et la Lithuanie rejette les
décisions du Conseil de 1 juin 1921 et de l'Assemblée du septembre 1921, qui du reste ne sont
pas non plus satisfaisantes pour la Pologne.
C'est alors qu'à la fin de 1921, le règlement de
l'afffaire est confié à la population elle - même,
qui, aux élections du 8 janvier 1922, avec suffrage universel, exprime nettement sa volonté
d'appartenir à la Pologne. Toutefois les apparences suspectes que le coup de main du général Żeligowski donna à un conflit où la cause de
la Pologne était juste ont produit et maintenu
longtemps dans le monde une impression défavorable à la Pologne.

La Ville Libre de Dantzig, dont le statut juridique conférant des droits très étendus à la Pologne (art. 104) se trouve défini aux articles 100 à 108 du Traité de Versailles et dans la Convention avec la Pologne, prévue par l'article 104 et fixée à Paris le 9 novembre 1920 par les Principales Puissances, est placée sous la protection de la S. de N. qui y nomme un Haut Commisssaire. L'administration de la Ville Libre, ayant à sa tête le Président du Senat M. Sahm et très liée avec Berlin, s'efforçait à créer autant de conflits que possible avec la Pologne et à les porter devant le Conseil de la S. d. N. Il n'y eut pas de session du Conseil, dans les premières années après 1920, qui n'eût pas à examiner des plaintes du Dantzig contre la Pologne.

En outre, le Traité particulier conclu par la Pologne, comme par la Tchécoslovaquie, la Yougoslavie, la Roumanie et la Grèce, avec les Principales Puissances à Versailles le 28 juin 1928, simultanément au grand Traité, place sous la garantie de la S. d. N., aux termes de l'article 12, les stipulations des articles précédents concernant les minorités y compris les questions de la nationalité et du droit d'option. Des conflits surgis dans ce dernier domaine, mal défini par les juridictions existantes, étaient nécessairement les plus nombreux au début, surtout en Pologne qui avait affaire à une minorité allemande. Le Conseil de la S. d. N. devait en connaître en justice et saisir parfois le Tribunal de la Haye.

En somme, au début, la Pologne avait bien l'air de devenir le principale client de la nouvelle juridiction internationale établie à Genève. Elle était constamment sur la sellette. Ce fait,

irritant par lui-même pour un Etat qui devait
établir sa situation internationale en même
temps que faire valoir son autorité a l'intérieur
et à l'extérieur, était encore aggravé par l'attitude des adversaires qui exploitaient cet état
de choses en s'attachant à représenter la Pologne comme un foyer conflits et des dangers internationaux.

Cependant, un peu au dépens de la tran-
quillité de la Pologne, mais généralement sans
préjudice pour ses intérêts essentiels, toutes ces
premières expériences sur le terrain nouveau de
l'institution génévoise furent loin d'être inuti-
les. On s'est aperçu peu à peu qu'il y avait une
distance considérable entre la sonorité facile d'u-
ne propagande entourant un conflit au moment
où il est porté devant la Société des Nations et
les méthodes sérieuses et empreintes de bonne
volonté que celle-ci appliquait pour le régler. La
connaissance exacte des faits, le sentiment de
l'équité, le respect du droit et des intérêts légitimes de l'Etat, la distinction entre l'intention
honnête et la mauvaise volonté, créaient une atmosphère en présente de laquelle toutes les exa-
gérations, toutes les tendances subversives, toutes les intrigues s'effaçaient et s'évanouissaient.
L'examen des problèmes concernant la Pologne
a donné à la Société des Nations l'occasion de
justifier sa raison d'être et de prouver son objec-
tivité.

En 1921, après le plébiscite de la Haute
Silésie, et en présence du désaccord qui divisait, surtout à cause de l'attitude de M. Lloyd
George, les Principales Puissances, celles-ci,
chargées par le Traité de fixer la frontière d'a-
près les résultats du plébiscite, en appelèrent

au Conseil de la Société des Nations. Celui-ci, avec ses experts, entreprit ce travail et l'accomplit entre la fin d'août et le milieu d'octobre 1921, en ajoutant à la délimination pure et simple le projet d'un régime spécial en Haute-Silésie pour la durée de quinze ans. La décision des Principales Puissances, par l'organe de la Conférence des Ambassadeurs, consacra, le 20 octobre 1921, le plan élaboré par le Conseil de la S. d. N.

Avant de confirmer les frontières orientales. de la Pologne, les Principales Puissances se sont appuyées, dans leur décision du 15 mars 1923, fixant la frontière entre la Pologne et la Lithuanie et réglant à titre définitif la question de Wilno, sur la résolution du Conseil de la S. d. N. du 3 février 1923.

A Dantzig, les empiètements continus du Sénat et parfois les décisions du Haut Commissaire M. MacDonnel ont créé un malaise générateurs de dangers. Enfin, le 18 mai 1923, le Gouvernement Polonais présente au Conseil de la S. d. N. une note détaillée sur l'ensemble de la question; malgré l'opposition de M. Sahm, Président du Sénat, et du Haut Commissaire, le Conseil reconnut, le 7 et 11 juillet 1923 que l'article 104 du Traité de Versailles, établissant les droits de la Pologne à Dantzig, ne saurait être ignoré par la Convention déstinée à appliquer les stipulations du Traité, précisa les compétences du Haut Commissaire et ordonna un examen et un règlement des questions soulevées par la Pologne; un tournant se dessina alors, pour la première fois, dans les affaires dantzicoises. Le Sénat de Dantzig revint à l'assaut en 1925; il prétendit supprimer la poste polonaise à Dantzig et s'attacha à faire accepter la thèse d'après laquelle la Ville Libre serait un Etat souverain; malgré l'appui du Haut Commissaire M. MacDonnel, qui exerçait encore ses fonctions, le Conseil, dans ses décisions du 14 mars 1925, rejeta les prétensions de la Ville Libre et donna raison à la Pologne. Depuis ce temps on ne vit plus se livrer de grandes batailles au sujet de Dantzig devant le Conseil de la S. D. N.

En 1926, au moment de l'admission de l'Allemagne dans la Société des Nations, il était question d'accorder à la Pologne, en même temps qu'à l'Allemagne, un siège permanent au Conseil, ce qui fut réclamé aussi par l'Espagne et par le Brésil. Dans les pourparlers à ce sujet, entre mars et septembre 1926, on se mit d'accord pour conférer un siège permanent à l'Allemagne, et, afin de donner satisfaction à la Pologne, d'introduire dans le nouveau système d'élection du Conseil le droit de rééligibilité à l'expiration du mandat triennal. La Pologne fut élue au Conseil le 16 septembre 1926 et obtint le droit de reélection pour une nouvelle période de trois ans qui commence en automne 1929.

A la session du Conseil, tenue à Lugano au mois de décembre 1928, M. Stresemann, dans une polémique avec le représentant de la Pologne, annonça son intention de soulever le problème des minorités dans toute son étendue. A la session de Genève, au mois de mars 1929, les propositions de M. Stresemann et de M. Dandurand, délégué du Canada, tendant à créer une procédure nouvelle et destinées à créer des ennuis aux Etats liés par les traités de minorités, ont été renvoyées, d'accord avec la proposition

polonaise, à un Comité de trois membres du
Conseil, MM. Chamberlain, Adatci et Quino-
nes de Leon. Les conclusions du Comité, arrê-
tées à Londres le 28 avril 1929 et apportant
à la procédure existante, qu'elles maintiennent,
après le rejet des propositions de M.M. Stresemann et Dandurand, quelques précisions au sujet de la publicité, ont été adoptées par le Conseil à la session de Madrid le 13 juin 1929. Le
point de vue des Etats liés par les traités, qui
n'admettent aucune aggravation de la procédure
pour ne pas élargir l'écart juridique qui existe
entre les Etats liés par les traités et les Etats
qui ne le sont pas, a été reconnu juste et raisonnable.

Les traités conclus à L o c a r n o le 16 octobre 1925 ont sensiblement modifié la situation
politique de l'Europe, aussi bien par leur teneur
que par le fait même d'avoir ouvert à l'Allemagne l'accès de la politique internationale d'a-
près-guerre.

Ces traités ont ceci de particulier que les
parties contractantes ne l'intérprètent pas de la
même façon. L'Angleterre, la Belgique, la France et l'Italie, qui ont signé le Pacte Rhénan, de
même que la Pologne et la Tchécoslovaquie, voisines de l'Allemagne à l'est, qui n'ont signé que
des traités d'arbitrage, étaient désireuses de stabiliser par ces conventions l'ordre légal existant et de renforcer la paix de l'Europe et
croient l'avoir fait par les stipulations qui y figurent. L'Allemagne, au contraire, avait l'intention de marquer, par ces conventions, une différence entre la stabilité de l'état des choses existant dans l'Europe occidentale et son instabi-

lité dans l'Europe orientale. Si l'on parle beaucoup de l'esprit de Locarno, il ne serait peutêtre pas déraisonnable de parler du malentendu de Locarno.

Les traits essentiels des accords de Locarno sont les suivants:

1. L'Allemagne a reconnu, dans le Pacte Rhénan, l'inviolabilité et le maintien de statu quo de sa frontière à l'ouest, sous la garantie de tous les signataires. Une stipulation pareille n'a pas été établie pour les frontières orientales de l'Allemagne. Il va sans dire que ce nouvel engagement pris par l'Allemagne ne saurait affecter en rien celui qu'elle a assumé pour l'ensemble de ses frontières, à l'ouest et à l'est, en signant les articles 27 et 28 du Traité de Versailles qui fixent ces frontières ainsi que son article 10 qui est en même temps l'article 10 du Pacte de la Société des Nations et aux termes duquel tous les membres de la S. d. N. s'engagent à respecter et à maintenir contre toute agression le statu quo territorial. Si le Pacte Rhénan y ajoute une garantie nouvelle pour la frontière occidentale, les anciens engagements et les anciennes garanties existant pour l'ensemble des frontières n'en restent pas moins tout-à-fait en vigueur. Mais l'Allemagne, après avoir créé une différence juridique artificielle entre les frontières occidentales et les frontières orientales dans les textes de Locarno, tourne le problème, ferme les yeux sur les engagements et les garanties signés aux articles 27 à 28 et 10 du Traité et déclare officiellement, comme l'a fait le chancelier Luther le 23 novembre 1925, à son retour de Locarno, ainsi que M. Stresemann, un an plus tard, le 23 novembre 1926: nous n'avons pas pris, à Locarno, au sujet des

frontières orientales, les mêmes engagements
qu'au sujet des frontières occidentales. A quoi
il convient de répondre: pas à Locarno en 1926,
mais bien à Versailles en 1919.

2. L'alliance entre la France et la Pologne de 1921 a subi, du fait des accords de Locarno, une modification sensible. Avant Locarno c'était une alliance défensive, libre et complète, prévoyant le cas de l'agression contre
l'une des parties contractantes. Le traité addi-
tionnel entre la France et la Pologne, signé
à Locarno le 16 octobre 1925, limite l'application de l'alliance aux deux cas: violation de
l'article 16 du Pacte de la S. d. N., c'est à dire
agression directe, ou bien violation de l'art. 15
alinéa 7, c'est-à-dire agression après tentative
de conciliation non-réussie. Ce qui est plus
grave c'est que, le même jour, dans le Pacte
Rhénan, signé non plus avec la Pologne, mais
avec les Puissances Occidentales et l'Allemagne, la France s'engagea à n'intervenir contre
l'Allemagne que dans le cas où celle-ci viole-
rait l'art. 16, c'est-à-dire serait agresseur
(art. 2), mais en même temps la question de savoir si l'Allemagne est agresseur dépend (art. 4)
de l'avis de chacune des Puissances participant
au Pacte Rhénan et, en fin de compte, du Conseil de la S. d. N., et toute violation de cette
longue procédure donne aux autres signataires
du Pacte Rhénan le droit d'intervenir contre la
Puissance en question, c'est-à-dire dans ce cas
contre la France. Dans ces conditions l'application de l'alliance au moment utile est devenue
bien douteuse.

3. L'Allemagne a obtenu, à Locarno, une
déclaration signée par tous les Etats parties

aux accords et qui contenait une interprétation
de l'art. 16 du Pacte de la Société des Nations
concernant le devoir d'assistance réciproque des
membres contre une agression. D'après cette interprétation, il doit être tenu compte des considérations d'ordre géographique et militaire
(ce qui veut dire: l'Allemagne, qui se dit désar-
mée, ne saurait s'exposer à un danger en participant p. ex. à une action contre la Russie si
celle-ci se livre à une agression). Cette interprétation a permis à l'Allemagne de signer avec la
Russie le traité de Berlin du 24 avril 1926 qui
donne nettement à la Russie l'assurance qu'elle
n'a rien à craindre de la part de l'Allemagne
malgré la participation de celle-ci à la S. d. N.
Il est évident que les Etats signataires des traités de Locarno n'avaient pas qualité pour inter-
préter le Pacte de la S. de N. Mais l'Allemagne
se contentait d'un détour comme elle l'a fait
pour la question de la différence entre les frontières occidentales et orientales.

Tout compte fait, les accords de Locarno
ont été un jeu diplomatique grandiose, pour ne
pas dire grossier, aboutissant à un énorme équi-
voque: oeuvre de paix pour les Puissances Occidentales, point de depart d'une offensive politique à l'est pour l'Allemagne.

Aussi, c'est après Locarno seulement que
les déclarations des représentants officiels de
l'Allemagne, dirigées contre les frontières actuelles entre l'Allemagne et la Pologne, sont devenues nettes et fréquentes. Le chancelier du
Reich M. Luther en parle au Reichstag en rendant compte des négociations de Locarno, le 23
novembre 1925, le Ministre des Affaires Etrangères M. Stresemann le précise au Reichstag un

an plus tard, le 23 novembre 1926, le Président
von Hindenburg le dit à Opole en Haute Silésie, le 17 septembre 1928. Enfin le Ministre de
la Reichwehr général Groener y ajoute tout
un plan d'intervention de l'Allemagne au moment opportun dans son fameux mémoire plus
ou moins secret préparé en vue du débat du
Reichstag au sujet du croiseur cuirasse, du 15
et 16 novembre 1928, et publié dans la Re-
view of Reviews le 15 janvier 1929. A quoi bon
ajouter à ce grand jeu encore le petit jeu consistant à affirmer que l'on désire une révision...
pacifique.

Le Pacte de Paris (Briand—Kellogg) du
27 août 1928, dont l'importance politique est
très grande et que la Pologne a signé au nombre des quatorze premiers signataires, ne contient malheureusement pas de sanctions à l'appui de la renonciation à la guerre qu'il pro-
clame.

Entre temps, la Commission Interalliée de
Contrôle du désarmément allemand disparaît au
mois de janvier 1927. La résolution, adoptée
à Genève le 16 septembre 1928, au sujet des
négociations qui doivent précéder l'évacuation
de la Rhénanie, ouvre la porte à la dernière
étape. Après l'accord des experts financiers,
conclu à Paris le 7 juin 1929, quel sera le sort
de la négociation concernant la sécurité?

La politique dite le Locarno suit son cours
sans qu'on voie jusqu'à présent. dans le nouveau système, les garanties nécessaires de la
paix et de la sécurité pour l'Europe orientale.

Les grandes lignes de la politique extérieure de la Pologne sont fixées et, après une

première période de tendances divergentes, aujourd'hui presque incontestées. La Pologne,
ayant devant elle une énorme tâche de travail
intérieur après les partages, veut la paix. Et
comme elle est plus exposée que n'importe quel
autre Etat, elle veut une paix non pas illusoire,
mais sûre, solide, durable.

VENCESLAS KOMARNICKI
ANCIEN DOYEN DE LA FACULTE DE DROIT DE WILNO
DEPUTE A LA DIETE
JUGE AU TRIBUNAL DES CONFLITS.

La Constitution Polonaise.

Les bases du régime constitutionnel actuel de la Pologne sont à chercher dans son passé historique très éloigné. Les traits essentiels et caractéristiques de notre Constitution sont le produit de l'esprit national bien qu'ils soient adaptés aux formes modernes.

Ce n'est pas seulement une belle phrase qu'on lit dans le préambule de la Constitution de la Pologne du 17 mars 1921 „selon la brillante tradition de la glorieuse Constitution du 3 mai", mais au contraire, malgré l'espace d'un siècle et demi les séparant, c'est une liaison étroite et intime entre les deux actes constitutionnels.

Notre grand historien du droit, M. le prof. Kutrzeba constate nettement que la Constitution de 1921 est la continuation logique de notre passé juridique. Si nous ne savions pas qu'entre la Constitution de 1791 et celle de 1921 se trouve une période de plus d'un siècle, pendant laquelle la nation polonaise fut privée de l'indépendance, nous pourrions en comparant ces deux constitutions supposer qu'elles forment deux étapes d'un développement juridique normal et que les éléments juridiques contenus dans la première sont exprimés sous une forme nouvelle dans la seconde. Les stades intermédiaires sont formés par la Constitution du Duché de Varsovie de 1807 et celle du Royaume du Congrès de 1815.

Non seulement les tendances fondamentales, mais les principes de notre Constitution actuelle se trouvent dans la Constitution du 3 mai, et notamment: l'idée de la souveraineté nationale, l'idée de la séparation des pouvoirs, la prépondérance de la Diète dans les relations du pouvoir exécutif et législatif, la révocabilité des ministres par la Diète au moyen d'un vote de méfiance, le rôle subordonné du Sénat. En outre, il y a dans notre Constitution actuelle beaucoup de prescriptions qui sont copiées de la Constitution du 3 mai, par exemple, la revision constitutionnelle périodique tous les 25 ans.

On peut dire que les principes du droit public polonais sont communs au droit public européen, et, notamment, sont empruntés au droit français; en effet, la Constitution du 3 mai 1791 se trouvait sous l'influence des idées des philosophes français du XVIII-e siècle. Cependant, ces idées n'étaient pas assimilées passivement, mais recevaient l'empreinte de l'esprit national polonais.

On peut aller encore plus loin et démontrer que le régime constitutionnel, démocratique et parlementaire, de la Pologne. a son origine dans la Constitution de 1505, connue sous le nom de Constitution „Nihil novi".

L'Etat féodal du moyen âge aboutit dans
l'Europe occidentale à la formation de la monarchie absolue, stade intermédiaire dans la création de l'Etat constitutionnel moderne; en Pologne ce stade intermédiaire manque, la Pologne étant transformée dès 1505 en un Etat
parlementaire et démocratique.

Naturellement, la démocratie doit être
comprise ici au sens relatif du mot, bien que la
noblesse seule jouît des droits politiques, car
son nombre et sa composition la posaient comme
une véritable nation au sein même de la population.

On peut dire que la Constitution de 1505
était prématurée en plaçant un Etat parlementaire entre les forts régimes absolus existant
dans les grands Etats voisins. Mais il est vrai,
qu'en Pologne l'origine du régime parlementaire et démocratique, et, en général, l'origine
du constitutionalisme, est très ancienne et porte
le cachet de l'esprit national.

Pour ces raisons historiques, la forme d'un
Etat libre, démocratique et constitutionnel, était
pour la Pologne ressuscitée déterminée, on peut
le dire, a priori. La Pologne devait rester fidèle
à ses traditions, et d'autant plus que la période
de servitude étrangère avait approfondi dans
la nation polonaise le sentiment traditionnel de
la liberté.

C'est pourquoi la Pologne a choisi la forme
du Gouvernement parlementaire, trouvant en
elle le régime le plus souple, le mieux adapté
à ses besoins et à son caractère national.

Tenant compte de cette étroite relation
entre les traditions et les aspirations nationales
d'une part, et, de l'autre leur réalisation mo-

derne dans la Constitution française actuelle,
les auteurs de la Constitution du 17 mars 1921
se sont inspirés des principes des lois constitutionnelles françaises de 1875. La forme de
l'Etat qu'ils ont choisie est la République parlementaire démocratique, mais ils ont tiré du
principe du parlementarisme ses conséquences
extrêmes. La plus grande différence entre la
Constitution polonaise et les lois de 1875 consiste dans l'affaiblissement du rôle du Sénat
dans la vie politique.

La Constitution adopte le principe de la
souveraineté nationale et considère comme organes de la nation en matière législative la Diète
et le Sénat; en matière d'exercice du pouvoir
exécutif, le Président de la République, conjointement avec les ministres responsables, et, en
matière de justice, les tribunaux indépendants.
La Constitution reconnaissant ainsi le principe
de la séparation des pouvoirs donne en même
temps la prépondérance dans l'Etat au pouvoir
législatif, proprement dit à la Diète, correspondant à la Chambre des Députés.

La Diète est composée de membres élus pour
une période de 5 ans, au suffrage universel, direct, égal, secret, avec représentation propor-
tionnelle, sans distinction de sexe.

Le Sénat est composé de membres élus par
les voyévodies particulières au suffrage universel, secret, égal et proportionnel. La seule différence dans les lois électorales pour la Diète
et au Sénat c'est celle de l'âge des électeurs et
des éligibles, 21 et 25 pour la Diète, 30 et 40 pour
le Sénat.

La Diète peut se dissoudre spontanément,
par une décision prise à la majorité des 2/3 des

membres votants, en présence de la moitié du
nombre légal des députés. Le Président de la
République peut dissoudre la Diète avec le consentement des 3/5 du nombre légal des sénateurs. Dans les deux cas, le Sénat se dissout simultanément et de plein droit.

Chaque projet de loi, voté par la Diète,
est soumis au Sénat. Si le Sénat ne soulève aucune objection pendant 30 jours à compter de
la remise du projet de loi voté, le Président de
la République en décrète la promulgation. Si
le Sénat décide de modifier ou de rejeter un
projet de loi voté par la Diète, il est tenu de
l'annoncer au cours des susdits 30 jours, et doit
au plus tard dans les 30 jours suivants retour-
ner le projet à la Diète, avec les modifications
proposées. Si la Diète vote les modifications
proposées par le Sénat à la majorité simple des
voix ou les rejette à une majorité des 11/20, le
Président de la République promulgue la loi,
dans la teneur adoptée par la deuxième décision de la Diète.

Le Président de la République est élu pour
7 ans, par la Diète et le Sénat réunis en Assemblée Nationale.

Les ministres forment le Conseil des ministres sous la présidence du ministre-président.
Le Conseil des ministres est solidairement responsable, au point de vue constitutionnel et politique, de la politique générale du Gouvernement. Les ministres sont aussi responsables des
actes accomplis dans l'exercice de leurs fonctions. La Diète appelle les ministres à répondre
de leurs actes au point de vue parlementaire à
la majorité simple des voix. Le Conseil des ministres et chaque ministre doivent démission-

ner si la Diète l'exige. De même, la Constitution prévoit la responsabilité des ministres devant le Tribunal d'État (Haute-Cour).

Tels sont les principes de la Constitution de 1921. Ils sont inspirés par les traditions nationales et ils correspondent au caractère national de mes compatriotes, bien qu'ils imitent les formes juridiques françaises.

On peut objecter avec raison qu'en cette circonstance le régime parlementaire est exagéré. De là dans la vie publique certains inconvénients, mais tout de même, le régime parlementaire, même sous sa forme extrême, a joué un rôle positif dans la vie de la Pologne. Il a contribué puissamment à la reconstitution de l'unité nationale, au rapprochement des parties de la nation si longtemps séparées; il a permis de tirer d'elle le maximum d'énergie et de force indispensable à l'achèvement de l'oeuvre historique: rendre à la nation l'unité et l'indépendance. Il ne faut pas oublier, en outre, que grâce à ce souple système, la Pologne a pu tranquillement, sans secousses sociales et politiques, traverser la période la plus dangereuse des premières années de son existence comme Etat, c'està-dire le moment où l'Etat était en train de s'organiser et de se fortifier. Mais le patriotisme du peuple polonais a été le plus important facteur de ce développement paisible de la vie publique.

La vitalité des traditions de cette vie publique dans la société polonaise s'est magnifiquement affirmée lors de la restauration de l'Etat polonais au cours de la grande guerre. Les Polonais ont su profiter des conjonctures politiques que leur offrait la Némésis historique, unissant dans un commun désastre leurs trois oppresseurs. Au mois de novembre 1918, spontanément, ils désarment et expulsent les Allemands et les Autrichiens du Royaume de Pologne ainsi que de la Posnanie. En 1919 et 1920, ils refoulent l'invasion bolchéviste russe. Par ces faits, ils réédifient l'indépendance de leur patrie. Simultanément s'organise le vaste appareil de l'administration intérieure du pays. Et dans quelles conditions s'exécute cette oeuvre difficile! Révolution sociale à l'est, au sud et à l'ouest de la Pologne, communisme en Russie, en Hongrie et en Allemagne. Si donc on tient compte de ces circonstances, on devra reconnaître que les résultats obtenus sont tout simplement merveilleux. Ces résultats cependant n'ont rien qui puisse nous étonner: pour ceux qui connaissent l'histoire de la Pologne, ils n'étaient pas imprévus. Aussi, le régime parlementaire, comme régime libre et souple, était-il spécialement approprié pour faciliter la spontanéité de l'oeuvre nationale.

Cette oeuvre achevée, le but atteint, la Pologne devient un grand Etat, qui a à resoudre plusieurs questions internes: sociales, économiques, etc., à jouer un rôle important dans les relations internationales. On éprouve alors le besoin d'introduire dans le système constitutionnel restant le même quelques amendements qui permettent de consolider l'organisation de l'Etat. C'est la genèse de la réforme constitutionnelle effectuée dans la loi du 2 août 1926.

Cette loi abroge les prescriptions de la Constitution concernant la dissolution de la Diète. Elle abolit la dissolution de la Diète par la décision spontanée d'elle-même et accorde au Président de la République le droit de la dissoudre

sur la proposition du Conseil des Ministres,
mais une seule fois pour la même cause. Le consentement du Sénat est supprimé. Cette réforme
était désirée par tous les partis politiques en
Pologne; on la tenait pour la clef du système
parlementaire. La nécessité du consentement du
Sénat faisait du droit de la dissolution une loi
caduque, inapplicable en réalité. Maintenant,
cette loi est devenue effective; on avait esperé
qu'elle rétablirait l'équilibre nécessaire entre les
pouvoirs.

Ensuite, la loi du 2 août 1926 élargit le pouvoir règlementaire du Président de la République. Lorsque la Diète et le Sénat sont dissous,
le Président de la République peut émettre des
décrets-lois. Ces décrets ne peuvent pas amen-
der la Constitution, ni toucher aux questions
suivantes: autonomie locale, budget, contingent
et recrutement de l'armée, lancement d'emprunt, aliénation, échange et endettement des
biens immobiliers d'Etat, création de nouveaux
impôts, droits de douane, fixation du système
monétaire, accord d'une garantie financière par
l'Etat, contrôle parlementaire des dettes d'Etat,
conclusion de traités exigeant le consentement
de la Diète, déclaration de la guerre et conclusion de la paix, responsabilité constitutionnelle
des ministres, et enfin loi électorale pour la
Diète et au Sénat.

En outre, la loi spéciale peut autoriser le
Président de la République à faire des décrets-
lois dans les limites de temps et d'objet fixées
par la loi, sauf l'amendement de la Constitution.

Dans les deux cas les décrets-lois sont édic-
tés sur la proposition du Conseil des Ministres

et contresignés par le Président de la République et tous les ministres. Ils cessent d'être obligatoires s'ils ne sont pas présentés devant la
Diète dans les quatorze jours après la séance,
ou s'ils sont abrogés par la Diète après avoir
été présentés.

La loi du 2 août apporte une attention spé-
siale à la question du vote du budget. Elle établit pour le gouvernement l'obligation de présenter le projet du budget cinq mois avant le
commencement de l'année budgétaire. La Diète
doit voter le budget dans trois mois et demi; si
le projet n'est pas voté à l'expiration de ce délai, on présume le consentement tacite de la
Diète. Le projet est alors transmis au Sénat, qui
de son côté doit le voter dans 30 jours, après lesquels le projet revient à la Diète qui peut, en
15 jours, prendre une décision en ce qui concerne les amendements introduits par le Sénat.
A l'expiration du délai, le Président de la République promulgue la loi de finances malgré l'absence d'un vote de la Diète ou du Sénat; si une
des Chambres a voté le budget, celui-ci est promulgué dans la teneur de sa décision; dans le
cas, où aucune d'elles n'a pas pris de décision
expresse, le budget est promulgué dans la teneur du projet gouvernemental. Ces dispositions
ne touchent pas au droit des Chambres de refuser le budget.

Les prescriptions budgétaires de la loi du
2 août 1926 sont, peut-être, un peu radicales
au point de vue constitutionnel, mais justifia-
bles au point de vue de la politique financière.
L'Etat polonais s'est préoccupé du soin de régler définitivement ses finances, d'y mettre
ordre et stabilité. Pour atteindre ce but il est

nécessaire d'avoir le budget promulgué en temps utile et sans entraves.

Les dispositions budgétaires de la loi du 2 août nous prouvent la ferme volonté de notre nation de satisfaire aux besoins impérieux de l'Etat. C'est le trait principal de la revision constitutionnelle polonaise. On a pris des précautions contre l'événement général de notre époque, rencontré dans tous les pays.

Par sa conduite, la nation polonaise a démontré qu'elle ne veut pas abuser de la liberté, au contraire, elle veut en jouir autant que cela est compatible avec les intérêts vitaux de l'Etat. Dans la vie publique tout doit être subordonné au droit suprême de l'existence de l'Etat. De là proviennent certains correctifs introduits dernièrement dans la Constitution polonaise: ils sont dictés par la raison d'Etat. Mais tout de même, ces correctifs dans leur ensemble n'altèrent point le système constitutionnel du pays. Le régime parlementaire subsiste dans la constitution. Les correctifs votés ne sont pas destinés à l'affaiblissement du système constitutionnel, mais au développement de son fonctionnement normal.

JEAN DĘBSKI
DEPUTE.

Dix années de Régime Parlementaire dans la Pologne contemporaine.

La réforme du régime constitutionnel de la Pologne à la fin du XVIII-me siècle et la renaissance du parlementarisme vinrent trop tard pour sauver la Pologne: ses voisins décidèrent, d'un commun accord, d'empêcher cette réforme et, après avoir brisé la résistance armée de la Pologne, partagèrent ses terres entre eux.

Depuis, privée d'une organisation nationale propre, la nation polonaise était soumise, pendant plus d'un siècle, à trois régimes politiques et constitutionnels différents, asservie à la Russie, l'Autriche et l'Allemagne. La vie publique de ces trois Etats ne pouvait pas fournir aux Polonais une bonne école d'éducation nationale. C'est donc dans leurs organisations propres, le plus souvent illégales, qu'ils faisaient l'apprentissage de la vie civique et politique. Les Polonais ne pouvaient non plus, en reconstruisant l'Etat et ses institutions, chercher leurs inspirations dans les Etats copartageants.

72

La période d'oppression a inculqué à la Pologne la conviction que l'Etat polonais restauré doit avoir pour base l'ensemble de la nation et que les gouvernements qui y gouverneront devront puiser leur force dans la conscience nationale de tous les citoyens.

Le parlementarisme de la Pologne ressuscitée a déjà derrière lui 10 années d'existence. La Diète (Sejm) en est à sa troisième et le Sénat à sa deuxième législature. L'existence et le développement du Parlement polonais sont régis par les dispositions de la constitution votée par la première Diète en mars 1921. Bien que cette constitution du XX siècle diffère de la constitution du 3 mai, qui date du XVIII-me siècle, il convient de constater qu'il existe entre elles un lien idéologique et qu'elles expriment le même idéal politique de la nation.

En effet les deux constitutions remettent le pouvoir législatif suprême à la Diète, celle-ci jouissant d'un droit de priorité par rapport au Sénat. Les tribunaux indépendants ont pour mission de veiller à la sauvegarde de la légalité. Voici les clauses constitutionnelles qui règlent le statut du parlement polonais moderne: les deux chambres sont issues du suffrage universel, (sans distinction de sexe) égal, secret, direct et proportionnel. Pour les élections à la Diète le droit de vote est reconnu à tous les citoyens ayant 21 ans révolus, l'âge respectif étant de 30 ans pour les élections sénatoriales. Pour acquérir le droit d'éligibilité à la Diète et au Sénat il faut avoir atteint respectivement 25 et 40 ans. La Diète s'est vue reconnaître une primauté sur le Sénat celui-ci n'ayant ni le droit de contrôle du gouvernement, ni l'initiative législative. Le vote du Sénat modifiant les décisions législatives de la Diète peut être rejeté par cette dernière à la majorité des 11/20 des votants. Les principes de l'organisation du Sénat polonais et ses compétences lui assignent un rôle secondaire, ce qui s'explique par le fait que la création du Sénat a été le résultat d'un compromis entre les adversaires, nombreux et décidés, du système bicaméral et ses partisans qui, dans l'espoir d'une modification constitutionnelle dans l'avenir, voulaient sauver ne fût-ce que l'existence même d'une seconde chambre.

L'initiative législative appartient au gouvernement et à la Diète. La première Diète législative, convoquée en 1919, a légiféré pendant trois ans et demi, a voté la constitution et 608 lois et s'est réunie en 342 séances plénières. La deuxième Diète est arrivée, malgré le coup d'Etat politique du mois de mai 1926, au terme de son mandat légal dont la durée est fixée en Pologne à 5 ans. Pendant cette période la Diète a tenu 340 séances et voté 482 lois adoptées à leur tour par le Sénat dans 157 séances. Il importe de souligner que les amendements apportés par le Sénat aux lois votées par la Diète étaient bien souvent acceptées par celle-ci et une collaboration favorable a pu s'établir entre les deux assemblées.

Mais ce n'est pas seulement la quantité du travail législatif des deux premières Diètes qui peut servir à en mesurer la valeur. La reconstruction de l'Etat polonais ayant pour point de départ des provinces dont chacune vivait dans un organisme national distinct, nécessitait un labeur législatif considérable. Au surplus, dans de nombreux domaines tels les finances, le régime fiscal, la défense nationale, l'enseignement, le besoin de mesures législatives appropriées se faisait impérieusement sentir. En depit de ces conditions anormales de l'activité parlementaire et malgré que bon nombre de lois déjà votées, les lois financières par exemple, devaient être remaniées à la suite des changements survenus dans la vie économique d'après guerre, le travail fourni par le Parlement polonais a résisté victorieusement à l'épreuve de l'expérience et s'est trouvé répondre aux besoins de l'Etat. Sur 608 lois votées par la première Diète 272 soit 42% restent en vigueur aujourd'hui sans avoir été remaniées.

La Diète polonaise, de même que les parlements du monde entier, constitue le reflet de la société qu'elle représente. Dans la Pologne contemporaine le parlementarisme a pour base le suffrage universel. L'analphabétisme très répandu et une préparation civique et politique insuffisante dans de nombreux milieux constituent, dans la Pologne nouvell, le vestige des années d'oppression qu'elle a vécus. Ce fait, particulièrement sensible dans les provinces de l'Est, ainsi que toute une série de problèmes et de besoins sociaux qui n'ont pas été reglés dans le passé, les ferments idéologiques d'après guerre, les différences de mentalité entre les habitants des différentes provinces sont autant de causes de la différenciation et de la multiplicité de groupes politiques en Pologne. Néanmoins la population porte un vif intérêt à la vie politique ce qui s'atteste par le pourcentage élevé de votants qui a atteint près de 80 et, dans les provinces occidentales, 90%. Bien que les élections à la troisième Diète eussent lieu au moment de la crise parlementaire, le pourcentage des votants atteignait plus de 90%. Mais cet intérêt témoigné aux élections se trouve peu en rapport avec le niveau et l'évolution des formes de la vie politique, ce qui ressort notamment du fait que, lors des élections à la dernière Diète, ont pris part plus de 30 partis et groupes insignifiants, et la Diète actuelle ne compte pas moins de 13 fractions politiques. C'est ainsi que la classe ouvrière est représentée par 5 partis et les petits agriculteurs en ont 4.

La vie politique très différenciée et les ferments idéologiques qui continuent à se manifester au sein des partis politiques sont à l'origine des difficultés qui faisaient obstacle, en Pologne, à la formation d'une majorité parlementaire stable qui eût permis à la Diète de remplir la tâche qui constitue un de ses devoirs et des ses droits essentiels. Par suite, la plupart de gouvernements polonais avaient un caractère extra-parlementaire et n'étaient pas appuyés par une majorité stable et bien définie, à l'exception des périodes exceptionnelles dans la vie de l'Etat où, à raison du danger extérieur, (l'invasion bolchévique), ou d'une mauvaise situation financière on parvenait à constituer des gouvernements de concentration.

Le gouvernement est responsable au point de vue constitutionnel et parlementaire devant la Diète. Bien que la Diète eut rarement fait usage de ce droit, les cabinets changeaient souvent, soit qu'ils ne trouvaient pas un appui suffisant dans les dispositions et la configuration politique changeante de la Diète, soit qu'ils cédaient sous le poids des difficultés financières ou politiques. Mais il importe de souligner que la Diète n'est allée jamais jusqu'à rejeter le budget ou à se dérober au vote de mesures législatives répondant à des nécessités d'Etat et à deux reprises elle a renoncé au profit du gouvernement à une partie de ses prérogatives législatives, guidée par le seul souci de hâter la réforme des principaux rouages de l'Etat.

La Diète assumait à elle seule la direction des affaires d'Etat, alors que le Président de la République n'avait pas le droit de la dissoudre et l'équilibre politique, sauvegardé dans les autres pays parlementaires par le Sénat, faisait défaut. Cet état de chose devait nécessairement amener à la révision partielle de la constitution. En effet en 1926 la Diète fait incorporer à la constitution une clause de nature à renforcer le pouvoir présidentiel en lui conférant la faculté de dissoudre la Diète et le Sénat, en empêchant des crises ministérielles accidentelles et en mettant de l'ordre dans l'activité même de la Diète.

Ces amendements ont été réalisés immédiatement après le coup d'état de mai 1926, après le changement au poste de Président de la République et l'arrivée au pouvoir d'un cabinet dont le chef effectif fut le maréchal Piłsudski.

La troisième Diète, élue en 1928, où le bloc gouvernemental détenait 30% des mandats, a abordé les travaux parlementaires dans une situation politique qui manquait de clarté. Le nombre de fractions n'y était pas moindre que dans les Diètes précédentes. Convoquée uni-

quement en sessions budgétaires c'est à cette
tâche qu'elle a consacré la plus grande part de
son activité en faisant preuve, dans le vote des
budgets, d'une grande compétence et en four-
nissant un rendement de travail considérable.
Dans les autres domaines de la vie publique, le
rythme des travaux législatifs a faibli. Pendant
ces derniers mois on a vu passer au premier
plan les problèmes constitutionnels à la suite
du dépôt, par le Bloc gouvernemental et les
partis de gauche bloqués, de projets d'amendements à la constitution. Il convient de
remarquer à ce propos que la constitution a conféré à la Diète actuelle des prérogatives spéciales en ce qui concerne la révision
constitutionnelle. Une discussion s'est engagée
dans l'opinion publique autour de ces problèmes qui, incontestablement, occupent une place
dominante dans les préoccupations de la Diète
actuelle.

Il n'est pas douteux que le parlementarisme polonais traverse une crise. Cette crise dé-
coule non seulement de la configuration des
forces politiques; elle est déterminée également
par des causes qui agissent dans le même sens
dans nombre d'autres Etats d'après guerre.

La nécessité de l'assainissement du parlementarisme, commandée par les besoins vitaux
de l'Etat et le souci de la consolidation de la
démocratie, ne peut manquer d'être comprise
par tous les partisans du régime parlementaire.
Mais les remèdes, à appliquer, loin d'avoir un
caractère superficiel, devraient être d'un effet
durable. A cet effet il ne suffira pas de puiser
dans l'expérience polonaise, longue de 10 an-

nées à peine; il faudra s'inspirer du passé et de la situation actuelle tout en tenant compte des problèmes qui attendent aujourd'hui leur solution.

STANISLAS KALINOWSKI
DEPUTE

L'instruction publique pendant les dix années de l'Indépendance Polonaise.

C'est un fait généralement connu que chaque spécialiste attribue une importance particulière au domaine où il exerce son activité. Mais il semble bien que chacun, pour peu qu'il y réfléchisse sérieusement, reconnaîtra que, dans la vie sociale et nationale, il ne peut guère y avoir de distinction entre les questions importantes et ceux qui le sont moins. Or, l'instruction publique est la base même de la vie nationale et sociale. Prenons en n'importe quel élément et nous verrons qu'il dépend du niveau de l'instruction publique dans le pays. Je me rends parfaitement compte qu'en écrivant ces lignes j'énonce une banalité. Mais nous en sommes encore à un stade de développement où il ne faut pas se lasser de répéter une vérité aussi élémentaire.

Malheureusement nombre d'hommes d'action sociale ou politique, sans contester la justesse théorique de cette vérité, n'en sont pas

pour cela convaincus de la nécessité d'agir de
manière à assurer la réalisation pratique du
principe posé... Préoccupés par d'autres problèmes qui présentent pour eux un intérêt plus
direct, il n'ont pas le temps de s'en souvenir
s'ils ne s'y refusent pas consciemment, pour des
raisons politiques. Cet état d'esprit en ce qui
concerne les problèmes de l'enseignement,
dans les milieux dirigeants de la Pologne reconstituée, a marqué son empreinte sur les travaux d'organisation de l'instruction publique en
les privant de cet enthousiasme qui s'est mani-
festé si souvent et avec une si grande force à
l'époque des partages lorsque cette activité
constituait un puissant rempart de l'esprit national. L'indépendance une fois reconquise la
nation en éprouva un immense soulagement et
s'empressa de s'en remettre sur le gouvernement
du soin de penser et de parer aux besoins. Et le
gouvernement, qui s'est trouvé en présence des
problèmes multiples et variés à résoudre, tout
en faisant sienne, en principe, la thèse sur l'importance de l'instruction publique, a rélégué
celle-ci en pratique à l'arrière plan de ses
préoccupations.

Cela ne veut pas dire que rien n'a été fait
dans cet ordre. Dans toutes les branches de l'instruction publique des progrès notables sont
enregistrés que les chiffres illustrent souvent
d'une façon éloquente. Il n'en est pas moins
vrai que, par rapport aux réalisations qui au-
raient pu et dû être accomplies, l'effort fourni
a été insuffisant.

Ce qui est reconfortant c'est la soif d'instruction de plus en plus forte et la compréhension qui s'affirme toujours davantage dans les

masses d'ouvriers et de paysans quant à la portée de l'instruction publique au point de vue de
l'émancipation sociale et à la nécessité d'une
démocratisation du régime scolaire. Dans ces
milieux des voix s'élèvent, de plus en plus nombreuses, demandant qu'il soit donné satisfaction aux besoins bien compris de la population.
C'est dans les éléments avancés du corps enseignant que se recrutaient les apôtres les plus
agissants de ces idées et ce sont les groupes parlementaires de gauche représentant les masses
ouvrières et paysannes qui ont fourni les plus
ardents lutteurs pour la cause de l'instruction
publique.

Pour apprécier l'oeuvre accomplie et celle
qui devrait l'être il convient de la considérer
d'un point de vue défini. Ce point de vue, qui
exprime le postulat fondamental de la démocratie polonaise comme de la démocratie en général, c'est la nécessité d'en finir avec un état
de choses où l'instruction est un privilège réservé aux classes possédantes. Il faut enfin donner à l'ensemble des citoyens la possibilité de
puiser dans le trésor de la science.

En 1919, peu après la formation du deuxième gouvernement polonais et l'ouverture
de la Diète législative, a eu lieu à Varsovie un
grand congrès du personnel enseignant qui a reçu le surnom du Parlement des Instituteurs. Ce
nom est parfaitement justifié, car le Congrès
a tracé les grandes lignes du régime scolaire que
devrait adopter la Pologne restaurée. Les traits
fondamentaux de ce régime se resument dans
le postulat de l'école unique avec pour base un
système scolaire uniforme et l'école primaire
publique obligatoire. Ce programme n'a pas

été approuvé immédiatement par les autorités
scolaires qui se sont d'abord nettement opposées
aux principes posés par le Congrès et furent, en
l'occurence, appuyés par une partie des instituteurs moins avancés. Ce n'est que sous
l'influence exercée, d'une part, par les milieux
scolaires éclairés et, d'autre part, par un courant d'opinion de plus en plus fort que les autorités changèrent d'opinion et consentirent à traiter avec bienveillance les postulats des instituteurs tout en formulant des réserves quant à la
possibilité de réaliser ce programme dans un
proche avenir. Enfin les autorités approuvè-
rent ce programme et publièrent le projet de
loi sur le régime scolaire (différant sur des
points importants, des postulats des instituteurs), sans en saisir pour le moment la Diète.

Le gouvernement fait valoir, il faut le dire,
que, malgré l'absence d'un texte législatif,
le programme est réalisé progressivement et
que les faits attestent les progrès obtenus dans
ce domaine. En effet, comme je l'ai dit plus
haut, ces progrès sont incontestables et peuvent
être mesurés par les quelques chiffres que voici. Alors qu'en 1910/11 le nombre d'enfants
dans les écoles primaires de tous les territoires
que comprend la Pologne d'aujourd'hui, était
de 2.680.000, en 1927/28 les élèves des écoles
primaires publiques étaient au nombre de
3.380.000. Alors qu'en 1910/11 seulement 54,5%
de l'ensemble des enfants en âge scolaire fré-
quentait l'école, ce pourcentage était de 92,8%
en 1927/28. Il est vrai que cet accroissement
n'est pas uniforme dans les différentes provinces de la République; dans l'ancienne Pologne
du Congrès avant la guerre (1910/11) il était
fort peu élevé puisqu'il ne dépassait pas 19.4%;

en 1927/28 il passe à 80%; dans les voyévodies orientales, en 1927/28, 31.9% des enfants en âge scolaire fréquentaient les écoles; en 1927/28 ce pourcentage a progressé seulement jusqu'à 50%; dans l'ancienne Pologne prussienne et autrichienne la différence est la moins sensible, étant donné que sous la domination allemande tous les enfants fréquentaient les écoles exclusivement allemandes; en ce qui concerne l'ancienne Galicie le nombre d'enfants qui, avant la guerre, recevaient l'enseignement scolaire atteignait 87,4%, chiffre qui n'est que légèrement inférieur à la moyenne actuelle.

Avant la guerre dans l'ancien Royaume du Congrès, il n'y avait, à peu d'exceptions près, que les écoles à une classe avec un cycle d'études de trois ans. En 1910/11, si nous laissons de côté la ville de Varsovie, le nombre de ces établissements s'élevait à 3.449 sur un total de 3.585 écoles primaires. Cependant déjà en 1925/26 on trouve, sur le même territoire, 11.325 écoles primaires, dont 6.375 à une classe, 1988 à deux classes, 1077 à 3—4 classes, 1076 à 5—6 classes, 859 à sept classes. Les progrès notables sont acquis dans la réalisation du principe de l'obligation scolaire applicable à tous les enfants pendant sept ans. Pendant l'année en cours 1928/29 on compte au total, sur l'ensemble du territoire de la République, 25.610 écoles primaires publiques, dont 1958 comptent sept classes, 13.416 une classe, 5.940 deux classes, 3.366 trois et quatre classes, 938 cinq et six classes, 52 appartenant à d'autres types d'établissements scolaires et subsistant dans les provinces de l'ancienne domination prussienne et autrichienne. Ainsi près d'un tiers du nombre total des enfants fréquentant l'école reçoit l'en-

seignement du degré supérieur d'organisation,
c'est-à-dire dans les écoles à sept classes.
Néanmoins il reste aujourd'hui, en dehors des
écoles primaires publiques, environ 300.000 enfants dont 14.000 dans la capitale.

On pourrait croire, en considérant les chiffres, que les choses sont pour le mieux et que
les lacunes pourront être comblées dans le courant des quelques années à venir. En réalité la
tâche ne sera pas facile. En effet, les années
écoulées ont été celles où l'on enregistrait la diminution progressive du nombre d'enfants at-
teignant l'âge scolaire, diminution qui répond
à la régression de la natalité pendant la guerre; mais cette année le tournant a été franchi
et, désormais, le nombre d'enfants soumis à l'enseignement primaire public obligatoire (de 7 à
14 ans) augmentera rapidement, si bien qu'il
atteindra, selon les prévisions, plus de 5 millions dans dix ans. Si nous avions voulu réaliser
l'obligation scolaire, il aurait fallu mettre à
profit les années où il était plus facile de satisfaire les besoins. Comme nous avons négligé de
le faire, cette tâche deviendra de plus en plus
difficile et demandera chaque année un effort
plus grand.

La mise en oeuvre, dans toute son étendue,
de l'obligation scolaire exige un grand nombre
de locaux répartis d'une manière appropriée
sur le territoire de l'Etat, un nombre suffisant
d'instituteurs qualifiés et une quantité voulue
de matériel scolaire. La part revenant au budget de l'Instruction Publique dans le budget total a augmenté, il est vrai, de 2,5% à 16% et la
proportion de 16% peut même paraitre élevée
à l'Occident de l'Europe, mais elle est manife-

stement insuffisante si l'on tient compte de la
nécessité de rattraper le temps perdu. Ce fait a
pour conséquence que faute d'argent, l'état du
matériel scolaire dans les écoles primaires est
déplorable.

Beaucoup mieux se présente le problème
de la formation des instituteurs. Il faut reconnaître que la préparation des nouveaux cadres
du corps enseignant et l'instruction complémen-
taire des instituteurs déjà en fonction dans les
écoles primaires publiques, avance d'un rythme
accéléré. Bien que le système appliqué jusqu'ici
à cette formation présente de nombreuses lacunes, celles-ci sont progressivement comblées, si
bien qu'il est possible aujourd'hui de mettre
chaque année environ 5.000 instituteurs à la disposition des écoles. Ce nombre est encore insuffisant et devait être augmenté de 2 mille vu ce
que nous avons dit plus haut sur l'accroissement du nombre d'enfants en âge scolaire. En
ce qui concerne les locaux la situation est, si
l'on peut dire, tragique. Nous n'avons pas réussi jusqu'à ce jour à doter les écoles existantes
de locaux appropriés. Il doit par conséquent ê-
tre tenu compte de ces besoins urgents dans la
construction de bâtiments scolaires. Et quel effort il faudra encore accomplir pour construire
les 50.000 classes destinées à abriter les enfants
qui afflueront dans l'avenir vers les bâtiments
scolaires!

Pour ce qui est des écoles secondaires à
enseignement général le principal problème
que posait leur organisation était sa jonction a-
vec l'enseignement primaire public ..en un ensemble unique par la création d'écoles secondaires ayant un cycle d'études de cinq classes

et par le transfert de l'enseignement donné
dans les trois classes inférieures du „gymnase"
à l'école primaire.

C'est sur ce terrain que se livre encore aujourd'hui une lutte acharnée entre les partisans
de l'école unique avec, pour base, l'école primaire publique à sept classes obligatoires pour
tous les enfants et les partisans de l'ancien système qui considèrent le maintien du „gymnase", comme l'alpha et l'omega de la politique
scolaire, préservant soi-disant le „bon enseignement" dans les classes inférieures des gymnases
du „mauvais enseignement" donné dans les
classes supérieures de l'école primaire.

Au point de vue formel un pas a été fait
vers l'école unique par la publication de circu-
laires ministérielles assimilant les programmes
des trois premières classes de gymnase aux 5
classes supérieures des écoles primaires publiques. Toutefois les gymnases avec huit classes
ont été conservés. Bien qu'ils aient été divisés
en gymnases primaires formant les trois premières classes et les gymnases supérieurs formant
les cinq classes suivantes, en réalité ces établissements constituent comme par le passé des
unités distinctes et font obstacle à la réalisation
du principe directeur du régime de l'école unique. L'enseignement dans l'école secondaire
d'Etat, contrairement à la constitution et à la
résolution de la Commission budgétaire de la
Diète assurant l'enseignement gratuit, est donné
contre un paiement assez élevé. Etant donné
que, sur un total de 794 écoles secondaires (a-
vant la guerre on en comptait, sur tous les territoires de la Pologne actuelle, environ 450) que
nous possédons aujourd'hui un tiers à peine

(259) constitue des établissements d'Etat et que l'enseignement privé n'est pas soutenu matériellement et, par suite, jouit d'une entière liberté dans la fixation de la rétribution scolaire, l'école secondaire est d'une façon générale fort coûteuse et accessible surtout aux gens aîsés (les enfants des fonctionnaires de l'Etat fréquentant les écoles privées s'il ne peuvent être admis, faute de place, aux écoles publiques, se voient allouer des subsides à titre de remboursement des frais scolaires).

Une des plus sérieuses lacunes des écoles secondaires c'est le manque d'instituteurs qualifiés qui s'explique par le développement insuffisant des centres d'études et cours complémentaires pour former ou compléter la formation du personnel nécessaire. A ce point de vue les instituteurs des écoles secondaires sont préjudiciés par rapport à ceux des écoles primaires.

La situation de l'enseignement professionnel se présente d'une façon encore beaucoup moins satisfaisante que celle de l'enseignement secondaire. Peu de progrès ont été faits dans ce domaine. On compte en tout, en Pologne, environ 400 écoles professionnelles, y compris, les écoles du type inférieur qui ne devraient pas exister si l'on voulait suivre conséquemment le principe que chaque enfant doit avoir fini d'abord le cycle de sept ans d'études de l'école primaire et seulement après s'instruire en vue de l'exercice d'une profession determinée, s'il est obligé de se contenter de cette instruction. Le relèvement du bien être du pays dépend dans une large mesure d'un enseignement professionnel rationnellement organisé, sous réser-

ve que personne ne se voit privé de la possibilité de poursuivre plus loin s'il le désire, son
instruction. L'insuffisance des fonds dont dispose à cet effet le ministère de l'Instruction Publique est un sérieux obstacle au développement
de l'enseignement professionnel. Par ailleurs
cette branche de l'Instruction publique n'a pas
encore trouvé l'organisateur qui embrassât l'ensemble de cette action et lui imprimât une orientation idéologique.

En ce qui concerne l'enseignement supérieur nous pouvons être fiers des résultats acquis, bien qu'il y ait, là aussi, des ombres au
tableau. Sept hautes écoles créées et le nombre
de leurs élèves presque doublé dans l'espace
de dix ans (nous possédons aujourd'hui 29 établissements d'enseignement supérieur avec plus
de 40.000 élèves). Voilà un effort dont l'importance ne saurait être contestée. Cela prouve d'u-
ne part qu'en Pologne le courant qui porte la
jeunesse à acquérir l'instruction supérieure est
de la même intensité que dans les autres pays
européens; cela prouve également qu'en dépit de
l'oppression la Pologne a conservé le culte de
la science et de l'activité scientifique puisque
nous avons réussi à pourvoir tant de nouvelles
chaires universitaires. Il convient de souligner
que, dans le choix du personnel enseignant des
hautes écoles, on s'est guidé d'une façon générale par des critères justes et rigoureux e-
xempts de tout dillétantisme.

Moins favorables étaient les conditions de
travail des professeurs et les résultats des études des élèves inscrits. Ici on éprouve en premier lieu le manque de locaux. Ceux-ci en effet
ne sont pas en rapport avec le nombre des élè-

ves (par exemple l'université de Varsovie compte 10.000 élèves alors qu'elle ne peut en contenir que 2.000, l'Ecole Polytechnique en a 5.000 alors que le bâtiment a été construit pour 1.500 étudiants etc.). Les professeurs sont surchargés de travail non pas par les cours et les conférences universitaires, mais par les examens extrêmement nombreux. Les dotations des centres d'études sont insignifiantes en s'élevant annuellement, pour chacun de ces établissements, à quelques milliers de zloty à peine; par surcroît les établissements n'ont pu constituer de fonds qui puissent servir de base à leur activité. Il en résulte que les exercices obligatoires pour les étudiants sont exécutés non sans difficulté, et les grands travaux, telles les thèses de doctorat, se heurtent à des obstacles sérieux, notamment dans le domaine des sciences naturelles. Les conditions matérielles difficiles où se trouve la majorité de la jeunesse universitaire polonaise ne sont pas non plus de nature à favoriser l'approfondissement de leurs études. Les travaux scientifiques personnels des professeurs sont également entravés, d'autant plus que leurs appointements sont très faibles par rapport aux besoins, de telle sorte que les professeurs, pour s'assurer les moyens de subsistance, doivent recourir à des travaux rémunérateurs supplémentaires. Si l'activité scientifique ne faiblit pas, malgré ces conditions défavorables, il y a là un fait qui témoigne de l'étendue des ressources vitales du pays et de l'esprit de sacrifice de ceux qui s'adonnent aux études scientifiques.

Il existe en Pologne, auprès du ministère de l'Instruction Publique, une section des Sciences qui constitue une administration dinstincte. Voici la belle idée qui a présidé à sa création: il s'agissait d'entourer d'une protection spéciale la production scientifique indépendamment des dotations, d'ailleurs plus que modestes, allouées aux établissements d'Etat chargés de l'enseignement en dehors de leurs fonctions scientifiques. Malheureusement cette section occupe une des dernières places dans l'ensemble du budget de l'Etat, puisque elle n'y figure que pour 0.08%, alors qu'il est hors de doute que la production scientifique est, pour chaque pays, abstraction faite de ses valeurs idéales, la base même de sa culture et de son bienêtre comme de l'industrie et de la défense nationale. Il est hautement significatif de constater que ce sont les représentants des masses laborieuses, des paysans et des ouvriers, qui sont, à la Diète, au premier rang de ceux qui demandent une augmentation des crédits affectés pour les besoins de la science.

Le cadre restreint de cet article ne me permet pas de traiter plus à fond ce sujet. Néanmoins je tiens encore à aborder ici deux questions importantes.

Avant tout il ne faut pas oublier que l'instruction publique ne se limite pas seulement à l'enseignement. Le régime scolaire c'est le fondement sur lequel repose le patrimoine intellectuel de la nation, mais il est loin d'épuiser à lui seul le problème pris dans son ensemble. Il convient naturellement d'insister ici sur l'importance de l'enseignement autodydactique dans l'acception la plus large de ce terme. Cependant cet enseignement, sous peine d'avoir un caractère sporadique et superficiel, doit être

encouragé. A cet effet, il est indispensable de
créer des bibliothèques, salles de lecture, cours
de tous genres etc... sans parler des publications périodiques et non périodiqus éditées selon un plan rationnel. Nous possédons il est vrai
de belles bibliothèques, notamment la Bibliothèque des Jagellons à Cracovie, les bibliothèques universitaires de Varsovie et de Wilno,
ainsi que les remarquables collections privées
telle la Bibliothèque Krasiński à Varsovie. Mais
ces sources scientifiques d'une grande richesse
sont accessibles seulement à une élite d'érudits,
alors que les classes intellectuelles de province
et encore davantage les larges masses de paysans et d'ouvriers sont presque complètement
privées de cet élément si important de l'instruction extra-scolaire. Il a été créé, auprès du ministère de l'Instruction Publique, une section de
l'instruction extra-scolaire, mais elle a été progressivement liquidée sous pretexte que les administrations autonomes auront à chargé de
s'occuper de ces problèmes. Aujourd'hui on ob-
serve une tendance, assez faible pour le moment, à assurer à l'enseignement extra-scolaire
l'aide du gouvernement sous forme de subsides
ministériels et d'un concours efficace dans le
domaine de l'organisation. Seuls les cours complémentaires professionnels (ils sont au nombre
de 3.000), qui font partie de l'enseignement extra-scolaire, bien qu'il relèvent du département
de l'enseignement professionnel, s'efforcent
tant bien que mal à combler les lacunes dûes au
nombre insuffisant des écoles professionnelles.
Pour ne prendre que le domaine de l'instruction
élémentaire, on peut se demander comment
combattre le fléau de l'analphabétisme en Po-

logne si ce n'est en organisant rationnellement
l'instruction extra-scolaire. La mise en oeuvre
de l'obligation scolaire ne suffira pas à elle
seule, même pendant de nombreuses années,
à instruire les analphabètes dont l'âge dépasse
celui des enfants frequentant les écoles primaires publiques. Une action spéciale et organisée
sur une large échelle est donc nécessaire à cet
effet qui constitue un des éléments essentiels
de l'instruction extra-scolaire.

Il m'est impossible enfin de passer sous
silence le problème douloureux de l'enseignement pour les minorités nationales. La question de savoir si l'élève doit recevoir l'enseignement dans sa langue maternelle ne présente aucun doute pour un démocrate et un pé-
dagogue. Ce droit est d'ailleurs reconnu par
la constitution polonaise qui assure à toutes
les minorités un libre développement de leur
culture nationale. Le sens politique conseille-
rait également de satisfaire, dans un esprit de
sincère bienveillance, les desiderata formulés
par les minorités en ce qui concerne la culture
et l'enseignement. Malheureusement les dix années écoulées n'ont pas été marquées par des
progrès sensibles dans ce sens. La politique du
ministère de l'Instruction Publique en cette matière était, en général, vacillante. Le nationalisme plus ou moins déguisé en profitait
continuant à marquer de son empreinte toutes
les activités dans ce domaine. L'institution d'é-
coles mixtes dans les territoires habités par les
minorités nationales loin de contribuer au règlement de ce problème en a, au contraire, re-
tardé la solution.

Voici, présenté aussi brièvement que pos-

sible, le bilan de notre effort dans le domaine
de l'instruction publique, pendant les dix années écoulées. Je n'ai abordé que les problèmes
principaux afin de ne pas abuser de la patience
du lecteur. Pour terminer je tiens à répéter ce
que j'ai dit au début: ce bilan n'est pas satis-
faisant si on le met au regard des tâches qu'il
fallait accomplir. Néanmoins, si nous nous en
tenons aux données absolues, nous devons constater les incontestables progrès réalisés. Ces
progrès autorisent l'espoir que l'avenir, malgré
les difficultés qui se présentent sur notre chemin, apportera de nouvelles réalisations, si nous
retrouvons le même enthousiasme qui a inspiré autrefois notre effort appliqué aux problèmes de l'instruction publique et de la culture
nationale.

GEORGES ZDZIECHOWSKI
ANCIEN DEPUTE
ANCIEN MINISTRE DES FINANCES

Les finances de la Pologne
1918 — 1928.

Lorsqu'un écrivain futur voudra esquisser l'histoire des finances de la Pologne au cours des dix premières années de son indépendance reconquise après la grande guerre, il devra envisager les immenses difficultés contre lesquelles le jeune Etat a été obligé de lutter en vue de créer son Trésor.

Sur des territoires ruinés par la guerre, possédant trois régimes législatifs différents, sans système de contributions établi, sans administration fiscale, sans réserves de métal, il a fallu exister en tant qu'Etat, créer, construire, lutter pour ses frontières, défendre la civilisation contre l'invasion rouge. Et losque dans presque tous les pays, l'Angleterre exceptée, les parlements ont prouvé leur impuissance à résoudre les problèmes financiers et économiques, la Pologne a eu à bâtir l'édifice de ses finances tout en forgeant sa constitution.

C'est pourquoi au cours de ces dix années,

la nation polonaise a pu se convaincre de visu qu'il n'est pas bien qu'un gouvernement imprime des billets, qu'il n'est pas raisonnable que le budget ne soit pas équilibré, que la faculté des citoyens à payer les impôts et les contributions est limitée, que le papier monnaie doit avoir une couverture en or ou en valeurs étrangères et qu'une longue période de bilan commercial déficitaire peut provoquer une sérieuse crise économique. Je dirai même plus: il a fallu cinq années pour se rendre compte que le bien-être économique de la Pologne dépend en premier lieu de son agriculture.

En voulant donner une image objective de la situation en Pologne lors des premières années qui suivirent la grande guerre, il faut souligner que jusqu'en 1921 il nous a fallu soutenir la guerre contre les bolchéviks et que ce n'est qu'après avoir conclu la paix avec la Russie que nous avons pu songer au rétablissement de nos finances. D'autre part, on ne peut passer sous silence cette circonstance favorable à la Pologne que ses dettes à l'étranger se sont montées seulement à 242 millions de dollars des Etats-Unis de l'Amérique du Nord, et que le jeune Etat polonais, au cours de sa formation, n'a pas eu d'autres fardeaux à supporter.

Afin de tirer plus facilement des conclusions des dix premières années de l'histoire des finances polonaises, je les divise en quatre périodes: 1) période d'inflation, 2) première réforme monétaire, 3) crise du zloty et nouvelle stabilisation, 4) deuxième réforme monétaire.

1) **Période d'inflation.**

L'impôt d'inflation, c'est à dire les bénéfices matériels obtenus par l'Etat du fait de payer les marchandises ou les services en monnaie d'une valeur toujours dépréciée de plus en plus, se sont élevés, jusqu'au moment de la création de la Banque de Pologne, (comme je l'ai indiqué dans mon livre intitulé „Les finances de la Pologne en 1924 et 1925) à la somme d'environ 550 millions de dollars. La différence entre les prix d'alors, calculés en or, des marchandises et du coût de la vie, est si grande en comparaison avec les prix d'aujourd'hui que la somme de 550 millions de dollars représente une valeur de marchandises et de travail humain d'au moins 1 milliard de dollars aux prix actuels.

L'impôt d'inflation de cette importance a comblé les déficits des budgets des cinq premières années de l'existence de l'Etat. Il a en premier lieu fait face aux dépenses pour la guerre et aux déficits des chemins de fer dont nous pouvons nous faire une idée par son montant en 1923: 314 millions de francs-or.

Le chiffre mentionné de 550 millions de dollars comprend cette partie de l'impôt d'inflation qui fut employée aux besoins du Trésor.

La vie économique et en premier lieu l'industrie en voie de reconstruction bénéficièrent également de l'impôt d'inflation. La Caisse Polonaise Nationale de Prêts accordait des emprunts en marks contre nantissement de marchandises, de valeurs, et escomptait des lettres de change. La valeur de ces prêts diminuait en rapport avec la baisse du mark. D'après mes calculs, les bénéfices obtenus de cette façon par la vie économique se sont élevés à 76 millions de dollars environ. En estimant l'impor-

tance de l'impôt d'inflation puisé aux crédits
de la Caisse Polonaise de Prêts pour les besoins
de la reconstruction économique, il faut prendre en considération le fait que tous ces avantages ne sont pas uniquement allés à des entreprises industrielles ou à des banques, mais aussi
à des ateliers d'artisans qui ont profité du crédit, dans des établissements industriels, dans
des maisons de commerce ou dans des banques.

Au cours de cinq années, c'est-à-dire jusqu'au printemps de 1924, nous avons pu observer chez nous tous les symptômes d'un cycle
complet de l'inflation monétaire.

Tant que le marché monétaire ne faisait
que consommer les marks — papiers jusqu'au
niveau d'une circulation justifiée au point de
vue économique, le mark perdait peu de sa
valeur. Cependant, cette valeur diminuait graduellement et le dégré de cette diminution se
maintenait au cours des années 1919, 1920, 1921,
1922 au niveau d'une dépréciation sextuple par
an. Ce fut la période d'inflation.

Mais voici l'année 1923. Le processus d'inflation entre dans un stade plus aigu. Les déficits du budget accroissent. Les facteurs psy-
chologiques commencent à agir plus fortement.
La vie économique ne peut s'accommoder d'une
monnaie dont la valeur baisse d'un jour à l'autre. On commence à fuir le mark et à calculer
en or. Ce fut l'arrêt de mort de l'inflation, en
tant que moyen de subvenir aux dépenses de
l'Etat. L'évaluation en or de tous les éléments
de la production d'après le niveau des prix
mondiaux conduit à des prix de marchandises
plus élevés que ceux de l'étranger. Les dépenses du budget s'accroissent automatiquement.

C'est automatiquement aussi que diminue l'exportation. Le papier monnaie perd sa valeur à un dégré où cette baisse ne peut plus donner au fisc les recettes nécessaires. Ce processus, nommé hyper-inflation termine le cycle de l'inflation. La baisse du mark au cours de l'année critique 1923 s'exprime par les chiffres suivants: au commencement de 1923 on payait le dollar 17.800 marks, et à la fin de 1923, 6.375.000 marks.

Pendant la période de l'inflation, la baisse du mark s'exprime par la relation 6:1, pendant la période d'hyper - inflation par la relation 350:1.

Il ne faut pas perdre de vue que la Pologne, au cours de ces années d'inflation, a organisé son système de contributions. Elle calculait les impôts sans avoir de mesure de valeur stable Ce qu'on nomme aujourd'hui répartition injuste des impôts a sa source dans cette période de l'histoire de nos finances.

2) Période de la première réforme monétaire.

Afin de parer à la catastrophe monétaire, la Diète Polonaise vote trois lois qui sauvent de la débacle le Trésor et l'Etat.

D'abord, la loi de la valorisation, en vertu de laquelle toutes les contributions furent évaluées en francs-or, met fin aux bénéfices obtenus par les débiteurs de l'Etat, différant le payement de leur dû et alimente le Trésor en assurant l'afflux régulier des impôts. La loi relative à l'impôt sur la fortune témoigne de la volonté de la nation de créer des bases à l'assainissement du Trésor, même au prix de grands sacrifices. Mais la plus importante fut la loi ac-

cordant de larges pleins-pouvoirs au Président
de la République dans le domaine de l'assainissement des finances.

Le gouvernement de M. Ladislas Grabski,
bénéficiant de la loi des pleins-pouvoirs, se mit
aussitôt à l'oeuvre pour réaliser la réforme
monétaire.

On reproche encore actuellement à M. Ladislas Grabski d'avoir conduit trop hâtivement
cette réforme. La critique est basée sur une
thèse fort juste selon laquelle une réforme monétaire doit être précédée d'une période assez
longue de stabilisation de la monnaie, qui jus-
tifierait, au point de vue économique, la relation à l'or de l'unité monétaire. La vie confirma
la justesse de cette thèse. La relation 5.185 zlotys pour 1 dollar fut établie par décret et non
comme un résultat naturel des processus économiques. Les prix, le travail, les impôts, éva-
lués selon la nouvelle relation, privèrent la production de leurs possibilités de développement.
Le déficit croissant du budget et du bilan commercial, ainsi que le manque de réserves en or
et monnaies étrangères suffisantes pour que la
vie économique pût durer et s'adapter graduellement à la nouvelle unité monétaire créée
quelque peu artificiellement, enfin les mauvaises récoltes de 1924, tout cela ne permit pas de
bien augurer de la stabilité de cette première
réforme monétaire. Cependant, à mon avis,
M. Ladislas Grabski ne pouvait pas stabiliser
le mark et différer davantage la réforme financière. N'oublions pas qu'en 1923 le mark n'était
plus celui de la période d'inflation, mais celui
de la période d'hyper-inflation, et chacun voulait s'en débarrasser. Afin de stabiliser la mon-

naie, il fallait non seulement avoir des réserves
en or et en monnaies étrangères, mais il fallait
aussi créer une atmosphère de confiance.

Pour nous procurer les réserves nécessaires en or et en monnaies étrangères, nous pou-
vions alors contracter un emprunt étranger
à des conditions dont nous pouvons nous former une idée par la lecture du passage suivant
du rapport de M. Hilton Young de février
1924: „En un mot pour obtenir l'aide du capital
étranger avant d'avoir équilibré le budget et
stabilisé la monnaie, un Etat donné doit s'attendre à ce que les représentants des créanciers
exigent qu'on les laisse exercer telle ou autre
influence sur ses finances et un certain contrôle sur son administration fiscale. C'est une
concession que nul Etat ne peut envisager sans
la plus grande répugnance et seulement poussé
à l'extrêmité".

Point n'est besoin d'ajouter qu'à cette époque on tâchait ouvertement à l'Occident de
mettre la Pologne sous la protection financière
de la S. d. N. Voilà donc pourquoi la réforme
financière polonaise ne pouvait être basée sur
un emprunt étranger, mais sur les propres réserves de monnaies étrangères possédées par
la nation.

L'impôt sur la fortune devait être un moyen
partiel de verser ces monnaies au Trésor de
l'Etat, mais c'est surtout la confiance grandissante envers la politique du gouvernement qui
pouvait les y attirer.

La raison la plus importante de la stabilisation temporaire du mark a justement été son
caractère temporaire et l'annonce de la création de la Banque. Les critiques de la première

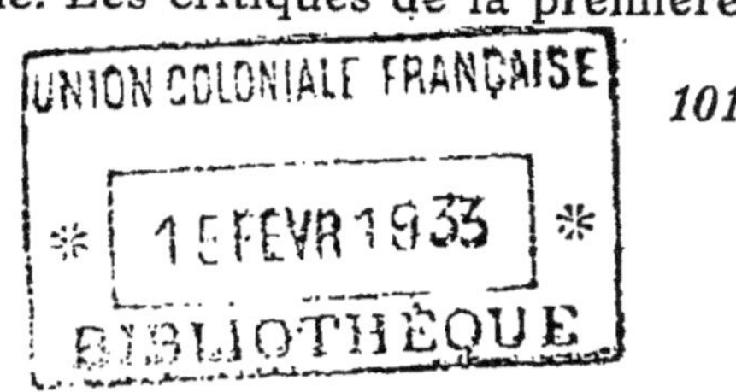

réforme monétaire oublient cette circonstance.
Il fallait réaliser la réforme. Malheureusement,
nous avons manqué de bases économiques suffisantes pour déterminer la relation exacte du
zloty à l'or, car la réforme fut accomplie dans
une période de crise et elle a dû fatalement
aggraver encore cette crise. La réforme monétaire était nécessaire pour raffermir la situation de la Pologne à l'Occident, elle était indispensable pour apprendre la nation à compter
et, par ainsi, baser la vie du citoyen, des entreprises et de l'Etat sur un budget équilibré.

Nous avons fondé cette réforme sur un effort libre de la nation polonaise, sur l'impôt sur
la fortune qui donna au cours de l'année 1924
200 millions de francs-or, c. à. d. environ 40
millions de dollars. C'est cela qui fut la base
de l'équilibre du budget pour 1924 et de la
création des réserves en or et en monnaies
étrangères. Ces réserves à la Banque de Pologne s'élevaient à la fin de 1924 à environ
640.542.485 zlotys actuels.

L'impôt sur la fortune entrava fortement
le développement de la production polonaise
et le processus de la capitalisation, mais le
monde économique en Pologne ne devrait pas
oublier que, par ce sacrifice, il contribuait
à créer une monnaie stable et en le faisant, il
permit d'alimenter la vie économique par le
capital étranger, ainsi que de mettre un frein
à l'exécution de programmes sociaux trop radicaux ne respectant pas la propriété privée.

La période du gouvernement de M. Ladislas Grabski nous incite à formuler encore quelques observations concernant les rapports de
la Diète aux problèmes financiers.

En face de la catastrophe du mark, la Diète renonce à ses droits au bénéfice du gouvernement, jouissant de la confiance du Président de la République. En vertu des pleins-pouvoirs obtenus, ce gouvernement effectue la réforme monétaire.

La nécessité de créer ensuite, d'un cas à l'autre, des majorités artificielles à la Diète, a conduit à des concessions concernant des affaires très importantes liées au programme financier et économique indispensable pour consolider la réforme monétaire. C'est alors que commence la politique dite du consommateur qui ouvre largement les frontières aux marchandises étrangères et tend à conserver les prix des céréales à un niveau très peu élevé. Les restrictions d'importation viennent trop tard, à peine au printemps de 1925, comme moyen violent de sauver le bilan commercial menacé.

3) Période de la crise du zloty et de la nouvelle stabilisation.

Plusieurs causes ont concouru à la baisse du zloty. Il est caractéristique que l'attaque, menée contre le zloty à cause du déficit du bilan commercial, n'a pu être repoussée à l'aide des moyens prévus par le mécanisme de toutes les banques d'émission. Ce moyen consiste à diminuer proportionnellement la circulation des billets. Bien que la Banque de Pologne eût diminué cette circulation, en six mois de 200 millions de zlotys d'alors, elle n'obtint cependant pas les résultats désirés, vu que le gouvernement, afin de combler le déficit du budget, augmenta de 200 millions de zlotys la circulation en émettant des coupons de change.

La débacle provoquée par le manque d'équilibre budgétaire se manifeste aussitôt dans sa plénitude. C'est pourquoi dans les journées critiques de novembre 1925 (le 20 novembre 1925, l'auteur fut nommé Ministre des Finances), la tâche consistait surtout à équilibrer le budget.

Une pression énergique et radicale en vue d'obtenir des économies, exercée par le Ministère des Finances par rapport aux autres Ministères, la suppression de l'échelle mobile dans les salaires des fonctionnaires (les salaires des employés de l'Etat jusqu'à la fin de 1925 étaient calculés d'après une échelle mobile basée sur l'index variable des frais d'entretien), la diminution de ces salaires de 5%, tout cela donna des résultats et amena l'équilibre du budget.

Une appréciation objective des efforts accomplis alors par le Ministère des Finances conduira évidemment à la conclusion qu'au cours de six mois, de novembre 1925 à mai 1926, les conditions d'un équilibre complet du budget ont été préparées. D'ailleurs les chiffres eux-mêmes sont suffisamment éloquents. Les déficits se sont élevés:

en novembre 1925 à 41 millions de zlotys
en décembre 1925 à 35 millions de zlotys
en janvier 1926 à 21 millions de zlotys
en février 1926 à 10 millions de zlotys
en mars 1926 à 8 millions de zlotys
en avril 1926 à 2 millions de zlotys

A partir de juillet 1926, nous avons des excédents. L'équilibre du budget et les excédents ont été obtenus en premier lieu par la suppression de l'échelle mobile.

Sans mesures d'intervention artificielles entreprises sur une large échelle, après qu'on eût cessé d'imprimer des coupons de change et tendu nettement à l'équilibre budgétaire, le zloty perdit graduellement, bien que toujours plus lentement, sa valeur en or, tant que l'afflux des monnaies étrangères, dû aux excédents de notre bilan commercial, ne lui eût pas fourni d'appui. Décembre 1925, janvier et février 1926 nous apportèrent alors 40 millions de dollars d'excédent de notre exportation. La vie économique ne put s'en ressentir que quelques mois plus tard, c'est à dire vers les mois de mai et de juin 1926. Dans ces conditions, il fallut stabiliser le zloty à un niveau justifié par les conditions économiques. Le cours quelque peu plus bas de 9 zlotys pour un dollar constituait une prime suffisante pour notre exportation, la diminution en or des contributions de presque de moitié ainsi que les versements apportés par les excédents du bilan commercial stimulaient la capitalisation et le développement de la vie économique.

La base créée alors pour la stabilisation du zloty exigeait seulement qu'on n'y portât pas atteinte, c'est à dire qu'on conservât l'équilibre du budget et qu'on n'entravât pas le libre développement de la vie économique. La longue grève des mineurs en Angleterre contribua d'une façon inattendue à consolider la conjoncture économique favorable. En dépit de la sécousse provoquée par les évenements de mai 1926, les larges pleins - pouvoirs accordés alors

au gouvernement par la Diète ne furent pas
sans influer sur la stabilisation de zloty.

Pendant la période critique de l'hiver de
1925, il fallut, tout en travaillant à équilibrer
le budget, préparer aussi le terrain en vue de
conclure un emprunt étranger assez important
pour pouvoir, vu l'épuisement des réserves en
or et en monnaies étrangères à la Banque de
Pologne, assurer une stabilisation durable du
zloty sur un nouveau niveau. La baisse du zloty
avait réveillé alors les espoirs de ces éléments
politiques de l'Occident qui désiraient voir la
Pologne affaiblie et croyaient pouvoir le faire
en la soumettant au contrôle financier de la
S. d. N. Il fallut frayer une voie permettant
à la Pologne la location directe de ses valeurs
sur le marché monétaire le plus important du
monde, aux Etats-Unis. Il fallut faire connaître
à ce marché le véritable état de nos finances
et notre volonté d'établir dans notre politique
fiscale de sains principes financiers. Cela pouvait être l'oeuvre d'un homme jouissant de la
confiance de la personne la plus autorisée en la
matière, de M. Benjamin Strong, actuellement
décédé, président de la Federal Réserve Bank.
En ma qualité de Ministre des Finances, après
m'être entendu avec M. Strong, j'ai prié le professeur Kemmerer de venir en Pologne, et ensuite, après sa première visite en décembre
1925, j'ai invité la mission du professeur Kemmerer pour le mois de juin 1926. Ce furent des
travaux préparatoires pour le futur emprunt
américain. Le 15 mai 1926, je devais rencontrer
à Paris M. Benjamin Strong.

4)Période de la deuxième réforme monétaire.

Après une période de plus d'un an de la stabilisation du zloty, en octobre 1927 la République Polonaise a contracté un emprunt destiné entre autres à fournir au gouvernement les fonds nécessaires à réaliser le plan de stabilisation faisant une partie intégrale du contrat d'emprunt. Je ne m'attarderai pas à étudier ici cette transaction. Il faut regretter que cet emprunt qui aurait dû nous faciliter l'afflux des capitaux étrangers n'ait pu être soutenu au niveau du cours d'émission. Cela fait un obstacle sérieux au développement de nos relations financières avec les Etats-Unis. On peut à juste titre critiquer les détails de cette transaction, mais il faut avouer qu'elle a été une nécessité de l'Etat. Grâce à cet emprunt, la Banque de Pologne a obtenu des réserves importantes en monnaies étrangères et en or.

Cependant, on a jusqu'à présent sousestimé les dangers découlant du déficit du bilan commercial. Sans emprunts à long terme, la conservation des réserves d'or et de monnaies étrangères à la Banque de Pologne à un niveau constant, accompagnée du déficit du bilan commercial, équivaut à l'augmentation de l'endettement de la vie économique en crédit à court terme, ou bien la fuite de la monnaie polonaise à l'étranger. Et l'un et l'autre sont également dangereux, car cela constitue un droit des créanciers, invisible à l'oeil, d'obtenir en échange de créances ou de monnaie une part équivalente de nos réserves en monnaies étrangères.

L'action dirigée à l'effet d'éduquer l'opi-

nion publique en vue de protéger l'industrie
polonaise peut donner certains résultats posi-
tifs, mais il ne faut pas oublier que le bilan
commercial est en premier lieu influencé par
l'ensemble de la politique fiscale, budgétaire,
économique et de crédit de l'Etat. Sans démar-
ches radicales, nous n'obtiendrons pas la diminution des déficits du bilan commercial. Il faut
donc revenir à l'opération pénible de la diminution des dépenses de l'Etat, aux économies et
à une politique de crédit très prudente; le début
des dix nouvelles années des finances polonaises doit être consacré à la lutte pour l'équilibre
du bilan.

MAXIMILIEN MALINOWSKI
DEPUTE

L'Agriculture en Pologne.

De tout temps la Pologne a été renommée comme pays agricole. Nous lisons dans l'ouvrage d'Edmond Sawicki: „Recherches pour l'histoire de l'agriculture en Pologne" Varsovie 1858:

„La terre était réellement la mère nourricière de nos aieux, aussi n'est-il pas surprenant qu'on l'ait aimée.

L'agriculture était l'occupation générale, le pain quotidien de tous, aussi n'est-il pas surprenant qu'on l'ait honorée.

Tous les droits politiques avaient pour fondement la possession de la terre, aussi quinconle pouvait, était-il agriculteur sur une échelle le grande ou petite.

L'agriculture était donc en Pologne la seule base de la fortune, la seule occupation domestique après les travaux publics, le seul moyen honorable de s'enrichir."

C'est au XIII-e siècle que l'on commença â appliquer en Pologne l'assolement triennal importé des pays occidentaux.

Au XV-e et XVI-e siècle, en même temps

que régnait une large aisance dans toutes les classes des habitants, la Pologne était le grenier de l'Europe. Son bilan commercial se soldait toujours par un actif, bien que l'on fît venir de l'étranger quantité de marchandises de luxe.

Dans cette période, les changements politiques â l'intérieur de l'Etat comblèrent la grande propriété de faveurs qui devinrent, en premier lieu, la base d'un système de grande culture et qui, subsidiairement, firent que les droits, privilèges et devoirs des citoyens furent rattachés aux personnes et non aux terres. Et ceci et cela entraîna toutes les conséquences politiques, sociales et économiques qui déterminèrent l'abaissement de la production agricole.

A la fin du XVIII-e siècle, Stanislas Staszic, sans contredit le plus profond économiste polonais, se plaint que dans un pays de 10.000 milles carrés de superficie, il n'y ait que 800 milles carrés des terrains qui soient cultivés soigneusement par les agriculteurs... „Nos terres sont grandes, nos fermes sont vastes au point que pour les exploiter il faut parfois la population de plusieurs villages"... „Ces circonstances, ajoute Staszic, jointes aux lourdes charges personnelles qui pèsent sur les paysans, ont amené la diminution de plus en plus précipitée de la production agricole".

Néanmoins, dans la plupart des exploitations agricoles du pays, on était au courant des progrès accomplis pendant cette longue période de siècles; ils se basaient, ces progrès, sur les mêmes principes, qu'on appliquait alors dans tout l'Occident et consistaient principalement

en la culture mécanique, l'emploi des engrais
et d'un grain de semence choisi. Du reste parurent alors assez souvent en Pologne des traductions d'ouvrages agricoles, non moins que des
travaux originaux (de Pierre Krescentyn de
1542, de Wysocki en 1602, de Gostomski: l'Exploitation des terres en 1642, etc.).

Jusqu'au moment de l'adoption des assolements, effectuée en Pologne dès la première
moitié du XIX-e siècle, les améliorations effectuées consistaient en: l'emploi comme engrais
de l'argile, de la craie, de la chaux, du sable
à gros grain dans les terres argileuses, celui des
cendres que l'on exportait même à l'étranger,
car on les produisait en grande quantité en
brûlant des forêts. A cette époque on faisait
aussi usage des engrais verts, surtout du pois.

Mais alors que jusqu'à la fin du XVIII-e
siècle, on n'introduisit pas de changements dans
la législation économique de la Pologne, la
grande propriété étendait ses terres par l'échartement des forêts, et la culture par grandes
fermes ne fit que se développer jusque vers
1880.

Au début du XIX-e siècle, la Pologne fut
le théâtre des grandes guerres napoléoniennes
qui dévastèrent le pays, détournèrent les habitants du travail, même du travail de la terre
nourricière. Ces guerres prirent fin par un désastre national pour la Pologne, c'est à dire
par la répression de l'insurrection libératrice de
1830, à la suite de laquelle le pays fut réduit en
servitude, et, sous l'oppression des envahisseurs,
toutes les aspirations économiques non seulement
perdirent la possibilité d'un développement normal, mais furent brutalement réprimées.

Aussi, l'un des hommes les plus versés dans les choses de l'agriculture, Louis Górski, écrivait-il en 1840: „Il y a une vingtaine d'années l'agriculture était chez nous très négligée. Rarement, très rarement, çà et là quelque tendance à améliorer la situation, quelque velléité de progrès chez certains grands propriétaires. Mal cultivée, la terre ne produisait que de maigres récoltes. L'élevage du bétail et des brebis était presque totalement à l'abandon et, de là pénurie d'engrais et revenus de la terre à peu près nuls.

Il n'était pas question d'industrie agricole, sauf pourtant la fabrication de l'alcool; et l'écoulement du blé à l'étranger avait été presque interrompu sous le coup du „Kornbill" anglais. Le prix du froment était tombé à moins de deux roubles le quintal".

Mais vers 1845, sous l'influence incontestable du développement de l'agriculture anglaise et de son système d'assolement, on adopte en Pologne ce système triennal et l'on consacre la moitié des terres au trèfle et aux plantes fouragères. Alors prend un large essor la production des pommes-de-terre, par conséquent l'approfondissement du labour et la culture plus soignée de la terre. La multiplication excessive des distilleries contribue à accroître le chiffre du bétail, sans que d'ailleurs en soit augmentés les revenus. Seul, l'élevage des brebis à toison fine, facilité par l'abondance des terrains en friche, s'accroit et se perfectionne. C'est dans cette période que commence à s'établir l'industrie sucrière, que l'on se met à la culture des légumineuses et des betteraves. Alors apparaissent de nombreux périodiques agricoles dont la lecture s'impose comme une tacite obligation pa-

triotique. Les propriétaires des grands domaines
en viennent à considérer le progrès agricole
comme un devoir sacré imposé par le patriotisme,
ce qui aboutit à des résultats d'autant plus favorables que les conjonctures de la vente et de
la rentabilité des produits agricoles ne font que
prospérer sans cesse.

Les grands propriétaires fonciers font venir
des instructeurs d'Allemagne et d'Ecosse, lesquels, pour la plupart, se fixent dans les domaines. Nombre d'entre eux, comme par exemple,
les Brownsford deviennent des patriotes polonais exemplaires.

Les progrès de l'agriculture polonaise entre
1840 et 1860 s'accusent surtout par les travaux
entrepris en vue d'améliorer les prairies qui constituent 24% des terres utilisées. Les premiers
travaux d'irrigation des prairies exécutés sous la
surveillance d'un élève de Tkacz, font une énorme impression dans le pays. La culture des betteraves à sucre en plein champ, se généralise
rapidement. On construit des sucreries où l'on
transforme jusqu'à 80.000 quintaux de betteraves.

De plus en plus se répand la culture des
plantes fourragères: la carotte, „la dent de che-
val". On se met à faire usage du lupin qui, tout
d'abord, ne réussit guère, mais n'en fait pas
moins comprendre l'importance de ses qualités
à titre d'engrais.

En 1860, on ne connaît pas la saradelle en
Pologne.

Un courant se fait jour en vue d'attirer l'attention sur la qualité du grain produit. C'est alors
qu'on commence à se livrer à la culture des semences de betteraves.

Dans la même période, l'emploi des machines se généralise: en 1860 des batteuses, des hacheuses, des tarares se trouvent dans une bonne moitié des grandes propriétés. Elles pénètrent même dans les terres de 15 à 25 hectares prises en ferme par de petits cultivateurs.

Les plus éminents hommes d'Etat dont l'histoire a conservé le nom, d'ardents patriotes soucieux du bien public, fondent et conduisent des fabriques des machines agricoles.

La petite propriété paysanne est encore en ce temps-là sous le régime de la corvée.

Seuls, les villageois et les colons tenanciers qui constituant environ 30% de la petite propriété, sont en état d'introduire chez eux, en pleine conscience du but à ateindre, des améliorations techniques dans la culture des plantes.

Ils pratiquent l'assolement triennal. Chez eux on opère aussi bien que dans les grandes propriétés le plâtrage des semailles; on sème aussi du trèfle dans les jardins, auprès des maison; on emploie des cendres pour vivifier les sillons.

L'élevage du bétail chez les petits agriculteurs se basait exclusivement sur le pâturage ou servitude*), c'est à dire sur l'antique droit reconnu

---

*) On appelle servitude le droit d'usage que possède le propriétaire d'une terre sur les terres d'un autre propriétaire — et, dans ce cas le propriétaire paysan sur les terres du propriétaire de la ferme. En Pologne, ce droit existe depuis le moyen-âge, époque où, par don des souverains, la noblesse devint propriétaire de grands domaines, alors que les paysans n'obtenaient que des lopins de terre, aussi leur était-il concédé de prélever pour les besoins de leur exploitation du bois de combustion et

aux paysans de faire paître leurs bêtes sur les prairies fauchées, dans les forêts et sur les terrains en friche du seigneur. A cette époque, le paysan éleva un nombre relativement élevé de chevaux, 2 à 3 fois plus qu'aujourd'hui. Dans l'élevage des brebis, on était même parvenu à obtenir une variété tout à fait bonne quant à la qualité de la laine. Les paysans corvéables, et leurs terres constituent les deux tiers des exploitations de cette catégorie, menant une bien pénible existence: routine, ignorance, misère, un labeur quotidien sur le champ du maître, ne contribuent guère à l'essor du progrès agricole. Du reste, le cultivateur ne dispose que d'un lopin de terre tout à fait insuffisant.

---

de chauffage dans les forêts seigneuriales, et aussi de faire paître leurs animaux dans ces mêmes forêts, ou bien sur les terrains libres à telle ou telle saison de l'année. Ce droit conféré à la petite propriété était une réelle nécessité agricole pour le pays. On essaya, du temps de Napoléon I-er, de l'abroger, mais cela n'était possible qu'en cédant un équivalent en terre. L'Autriche et la Prusse réglèrent cette question vers 1846. La Russie s'abstint de la résoudre en 1864, afin de laisser subsister un prétexte de discorde entre le village et le château. Encore de nos jours, les paysans ont le droit dans les domaines de Zamoyski de prendre chacun annuellement dans les forêts, deux pièces de bois de construction, 78 charrettes de bois de chauffage, et de faire paître dans les bois de 2 à 10 têtes de bétail. A titre d'équivalent de leur droit aux servitudes, ils reçoivent de 6 à 8 ha de terre pour chaque hameau ayant droit à ces servitudes. Cette liquidation des servitudes doit aboutir à l'introduction d'un travail fructueux et régulier de la terre.

En 1864, toutes les catégories de petits agriculteurs, aussi bien les tenanciers que les paysans des domaines seigneuriaux, sont mis en possession de terres.

Cette impropriation fut effectuée par le gouvernement russe uniquement dans des vues politiques et dans l'espoir d'attacher les masses rurales au régime auctocratique des tsars. Mais, à cet égard, on fut complètement deçu. Aussi le gouvernement ne cessa-t-il pas de persécuter ces masses pour leur nationalité et même pour leur religion (en Polésie) et s'acharna-t-il à les priver de toute instruction en général et de l'instruction agricole en particulier. Il n'y eut plus alors qu'un nombre infime d'écoles primaires, et pas une seule école d'agriculture dans la Pologne russe, alors qu'en Allemagne on avait commencé à en créer en 1855 et au Danemark en 1864. Jusqu'en 1864, avait existé une école de ce genre à Płock, le gouvernement russe la ferma.

Ce même gouvernement laissa aussi subsister deux survivances du Moyen-Age: les servitudes et ce qu'on appelle l'échiquier des terres arables. L'échiquier divisait une exploitation agricole en parcelles minuscules, éloignait les unes des autres. Dans tous les Etats de l'Occident, ces servitudes et ces échiquiers avaient été abolis en même temps que les corvées. Le gouvernement trouva bon de les maintenir. Ce n'est qu'en 1913, que furent publiées des prescriptions en vue de supprimer l'échiquier.

Le pays, avec ces pratiques agricoles médiévales et en outre soumis à un régime policier extrêmement dur après 1864, ne fit aucun progrès pendant plus de 20 ans. Le gouvernement avait fermé, ,comme nous l'avons dit, l'école élémentaire agricole de Płock, il ferma à son tour l'école secondaire agricole qui avait été fondée à Varsovie, puis il russifia l'Institut Agronomique de Puławy qui attirait des élèves du fond de la Russie. Sous la main de fer était paralysé tout esprit d'initiative, toute bonne volonté des cultivateurs. Ce n'est que vers 1885 que commença à se manifester l'activité de la grande propriété en une organisation ayant son siège à Varsovie, mais en qualité de succursale de la société d'agriculture russe de Petersbourg.

Après 1900 seulement, les petits agriculteurs, timidement, avec incertitude, clandestinement presque jetèrent les premiers fondements de quelques organisations professionnelles agricoles. Quant aux conférences publiques, aux congrês, aux réunions consultatives, ils n'étaient pas tolérés. Vers 1890, les agriculteurs des grands domaines parlaient encore de l'activité vivifiante dès syndicats agricoles en France comme d'un idéal inaccessible.

D'autre part, les gens qui comprenaient la nécessité du développement agricole de la terre polonaise ne voyaient pas sans envie l'essor des sociétés coopératives en France, en Allemagne et ailleurs, car il n'était pas permis d'organiser des institutions de ce genre en Pologne. Ce n'est qu'en 1906 que surgissent chez nous les premières caisses de Reiffeisen, et encore exclusivement dans les villes. Toute organisation est un épouvantail pour le gouvernement russe.

Les petits agriculteurs ne sont mis au courant des progrès de la technique agricole, de la culture des plantes et de l'élevage des animaux domestiques que par deux petites publications

hebdomadaires soumises à une censure rigou-
reuse.

Alors qu'au Danemark, en Allemagne, en
France, l'enseignement agricole et les universités paysannes prenaient un large essor, ce n'est
qu'après 1900 qu'en Pologne sont créées — et
cela grâce à la générosité privée — deux écoles
agricoles pour les petits cultivateurs, et encore
doivent-elles se borner à des travaux pratiques,
sans avoir le caractère d'établissement d'enseignement.

Dans cette période l'agriculture moyenne,
dite de fermes, traverse une crise périlleuse. Vers
1880, une baisse énorme se produit dans les prix
des céréales panifiables, en raison de la grande
affluence du froment américain. Cette affluence
provoque le désarroi dans toute l'Europe occidentale, sans en excepter la Pologne.

Mais un autre fléau vient encore éprouver
l'agriculture polonaise: le gouvernement russe
établit des tarifs de transport tels qu'un quintal
de farine de première qualité transporté des
bords de la Volga en Pologne ne coûte pas plus
qu'un quintal de blé brut sur place. Ce facteur
ne laisse pas non plus d'exercer une influence
néfaste sur les prix des céréales à exporter de
Pologne à l'étranger.

C'est aussi à ce moment que commença à se
développer l'industrie manufacturière et que,
partant, renchérit le coût de la main d'oeuvre.
Dans ces conditions, les fermes ne pouvaient
qu' avec difficulté faire face à leur charges. Elles
s'endettent de plus en plus et tendent à diminuer leur étendue par le parcellement. Les propriétaires les plus prévoyants, les plus coura-
geux s'adaptent aux progrès indispensables.

118

La seconde moitié du XIX-e siècle est la période de l'application générale du système de l'assolement dans l'agriculture des fermes. On rencontre des terres qui s'y refusent, et même vers la fin du siècle des exploitations à système libre, surtout alors que se répand l'usage des engrais artificiels. Les agriculteurs polonais s'intéressent vivement au développement scientifique et aux expériences pratiques avec les engrais artificiels. On étudie la chimie agricole: la sélection des semences fait de grands progrès. On crée de nombreuses stations d'expériences dirigées par des maîtres bien préparés à traiter scientifiquement la matière. Dans certains domaines on se livre à la culture du grain sélectionné.

La grande propriété agricole, sans compter sa centrale à Varsovie, s'organise en „Cercles de district". On prend nettement conscience de la nécessité de traiter l'agriculture selon les principes essentiels des sciences naturelles.

Dans les petites propriétés, sous l'influence des publications „populaires" de plus en plus lues, l'assolement triennal avec jachère est remplacé par l'assolement sans jachère, et on commence à considérer le lupin comme „une plante bénie", enrichissant le sol d'azote. L'agriculture paysanne en Pologne prusienne et autrichienne est dirigée par les „Cercles agricoles" qu'on permet d'y instituer librement.

Entre 1900 et 1913, la production du seigle, dans la grande propriété en Pologne russe, s'accroît de 5,2%, en Pologne prussienne de 13,2%, en Pologne autrichienne de 30%, comparativement à la période 1896 — 1900.

Dans les mêmes périodes les récoltes du froment dans les grandes propriétes s'accroissent en Pologne russe de 17%, en Pologne prussienne de 29,3%, en Galicie de 20,8%

Ces chiffres démontrent nettement qu'en Pologne russe, les terres polonaises étaient traitées sans bienveillance et même avec un tendancieux mauvais vouloir.

Cependant, la petite propriété produisait alors des récoltes inférieures à celles de la grande, de 17,7% pour le froment, de 14,3% pour le seigle. Cette circonstance entraîne des conséquences défavorables pour la récolte générale du seigle, car les petites propriétés entrent pour 72,1% dans la surface totale des terres emblavées de seigle. La défense faite aux petits agriculteurs de s'organiser, la pénurie d'écoles et le niveau médiocre de l'enseignement primaire en sont la cause. Dans la Pologne prussienne, en effet, (Posnanie et Poméranie), les différences de la production moyenne sont insignifiantes entre la grande et la petite propriété.

L'élevage du bétail pendant toute cette période est assez prospère.

L'élevage des bêtes à cornes se généralise, et l'alimentation individuelle aide à stabiliser les variétés meilleures, de même que simultanément les agriculteurs s'appliquent de hautes qualités de rendement en lait et en graisse.

La propriété moyenne élève des animaux de travail, les grandes — des animaux de reproduction. Toutefois, c'est la propriété moyenne qui surtout s'occupe de l'élévage. Avant la guerre, en Pologne russe, à la petite propriété appartient 85,8% du total du bétail, en Galicie 91,2%. Dans tous les territoires polonais en général, la petite propriété possède 80% du bétail, 86,8% des porcs dans le Royaume, 95,9% en Galicie, 65,1% en Posnanie.

Non seulement s'accroît la productivité des terres, mais encore leur étendue cultivée.

Année	Terres cultivées ou jardins
	arpents (0,57 hect)
1824	249.606
1839	259.888
1844	338.041
1848	365.101
1859	368.337
1894	428.410

Nous avons déjà signalé que vers 1880, l'agriculture s'était trouvée aux prises avec de grandes difficultés, en Pologne, comme dans toute l'Europe occidentale et surtout en France où se dessine alors très fortement „l'abandon des campagnes et l'exode vers les villes'. Toutefois, en Pologne, un phénomène, tout autre qu'en France, détermine la crise agricole, c'est le parcellement en mase des grandes fermes, la réduction de la grande propriété foncière.

A la fin du XIX-e siècle, les petits agriculteurs avaient acquis un million d'hectares de terres détachées des grandes propriétés qui se répartissent sur 179.076 acheteurs, soit en moyenne 6 hectares pour chacun d'eux. Ce chiffre de terres morcelées comprend un pourcent considérable des friches rélevées plus haut, achetées par les paysans et mises en culture par eux.

———

Les terres de la Pologne, sauf celle de la Pologne prussienne, ont été, comme celles du nord de la France, le théâtre de la guerre mondiale, pendant toute la durée de celle-ci. De surcroît, en 1920, elles ont été ravagées par l'invasion bolchéviste.

Autant qu'il a été possible de les constater
et de les estimer, les dommages et les pertes
causés par la guerre sur les terres de Pologne,
se sont élevés à la somme de:

Pertes de la petite propriété: 1.602.264.832
roubles d'avant-guerre

Pertes de la grande propriété: 321.941.250
roubles d'avant-guerre.

La terre a été rendue stérile, la culture négligée, presque tout laissé à l'abandon. Tandis
que s'accroissait la population du pays, la fortune publique, le revenu social se rapétissait, l'industrie surtout a éprouvé des pertes immenses,
et le marché extérieur du côté de l'Orient lui
a été complètement fermé.

De 1921 à 1926,, les semailles en froment ont
encore été inférieures de 20% à celles de 1909—
1913, et en y comptant même la pomme-de-terre,
la superficie des cultures est inférieure aujourd'hui à celle d'avant-guerre.

Maintenant la Pologne doit non seulement
réparer les dévastations et les négligences de
cette guerre, mais réformer à fond son régime
agricole.

Il est de toute urgence de régler le plus rapidement possible la question des servitudes et
de l'échiquier. Il est non moins indispensable de
procéder à la réduction réglée et systématique
des vastes étendues, des grandes fermes, d'en
créer des exploitations petites, mais capables de
se suffir à elles-mêmes. Il est enfin inévitable
d'agrandir trois millions de petites propriétés—
naines, incapables de pourvoir à l'entretien
d'une famille, de donner une production normale.

C'est pourquoi le problème de la réforme agraire est passé au premier plan des préoccupations du législateur polonais qui en a étudié la solution à plusieurs reprises au cours des dernières sessions de la Diète.

Dès le mois de juillet 1919, la Diète proclama que l'„Etat doit être le régulateur de la possession de la terre", que „les biens fonciers ayant appartenu à des monastères, à des ecclésiastiques, de main morte et mal gérés doivent être morcelés", que „l'Etat doit avoir le droit d'exproprier en propriétés privées", afin de les faire cultiver „par des personnes conduisant elles-mêmes et indépendamment l'exploitation".

Cette action doit avoir pour principe de „former des exploitations agricoles paysannes fortes, saines et aptes à une production intensive, basées sur le système de la propriété privée de grandeur et de types divers".

La loi du juillet 1920 fixe à 180 ha le maximum de terres que peut posséder un seul et même propriétaire. Le reste doit être parcelé. La loi de décembre 1925 fixe à 200.000 ha au minimum la superficie à morceler annuellement. Sont soustraites à ce parcellement forcé les terres industrialisées ou présentant une importance réelle pour le développement de l'agriculture nationale.

Conjointement sont promulgées à la même époque des lois relatives à la liquidation des servitudes et au remembrement des terres en échiquier.

De même est publiée une loi sur l'amélioration des terres, sur la constitution de sociétés dites hydrauliques en vue d'opérer des drainages, d'assécher les marécages et aussi de régulariser les cours d'eau qui jusqu'alors, chaque année, causaient des dommages importants ou faisaient obstacle au développement de la production agricole.

Ce qu'avait négligé le gouvernement russe, ou ce qu'il était impossible d'exécuter en Pologne sous sa domination, non moins que ce qui n'avait pu être mené à bien en Pologne autrichienne (par ex. la commassation des terres) est entrepris et conduit à la plus vive allure par le gouvernement de la Pologne indépendante. Et c'est avec les plus grandes difficultés, au prix des plus grands efforts, qu'il s'attache à cette salutaire besogne: la précaire situation économique d'après guerre, le manque de ressources financières, mettent parfois des obstacles insurmontables à la réalisation des projets les mieux conçus en vue de relever en général la production agricole.

Cependant , ce remembrement des terres en échiquier s'effectua à grands pas. Depuis la proclamation de l'indépendance de la Pologne, il se chiffre comme suit:

Année	1918	—	superficie	828	ha
„	1919		„	20.159	„
„	1920		„	14.926	„
„	1921		„	16.741	„
„	1922		„	27.842	„
„	1923		„	36.439	„
„	1924		„	32.337	„
„	1925		„	68.118	„
„	1926		„	146.524	„

Au cours des trois premiers trimestres de 1928, ont été commassés
205.673 ha.

Comme conséquence, la production sur ces terres a augmenté considérablement:

Seigle   de 1038 klgr. à l'hect. à 2366 klg.
Avoine   de 480   „   à 1068 „
Froment   de 173   „   à 331 „
Paille   de 3196   „   à 7055 „
Trèfle   de 419   „   à 1237 „

A l'élevage la production du lait passe annuellement de 1727 litres à 3788.

Le morcellement des terres des fermes pour en constituer de petites exploitations saines suit une marche parallèle.

Le parcellement des domaines de l'Etat, des terres achetées par la Banque agraire, des propriétés privées morcelées en vertu de contracts à l'amiable, dans les années 1923, 1924 et 1925 procure aux petits cultivateurs 167.000, 131.000 et 120.000 ha de terres. En 1926, ce chiffre monte à 218.188 ha, en 1927 — à 238.985 ha, et dans les trois premiers trimestres de 1928 — à 169.897 ha.

C'est ainsi qu'en ces dix dernières années, ont été morcelés en faveur de la petite propriété environ un million d'héctares.

Si, tout d'abord, le parcellement a abaissé la production des céréales, elle a par contre accrû immédiatement celle du cheptel vif, surtout en ce qui concerne les troupeaux, de 5 à 100%, et celle du lait de 50 à 100%. En outre un plus grand nombre de gens ont été pourvus d'un atelier de travail et de moyens d'existence. Sur 100 ha de propriété agricole de 3 à 5 ha peuvent s'entretenir 97,4 personnes, de 5 à 10 ha — 50 personnes, de 1000 à 1500 ha — 19.3 personnes seulement.

La production des légumineuses subit aussi
un changement. Dans ces derniers temps, la Pologne a exporté beaucoup de pois et de fèves, et
cela par suite du morcellement, car les plantes
qui les produisent sont cultivées volontiers par
les petits agriculteurs.

La superficie de la terre de la petite propriété a été aussi augmentée par la liquidation
des servitudes. Au cours des trois dernières années, les offices fonciers ont liquidé les servitudes pour 45.296 exploitations paysannes qui
comme indemnité ont reçu 169.659 ha.

Les améliorations hydrauliques sont encore
à leur début. Elles embrassent aussi bien la
grande que la petite propriété. En 1928, nous
possédons 239 „sociétés hydrauliques" qui
avaient amélioré 46.797 ha de terres, travaux
pour lesquels elles avaient obtenu à la Banque
Agraire des crédits s'élevant à 35.096.000 zl.
C'est là un placement très avantageux et très
favorable à l'agriculture.

Par les travaux susmentionnés, l'agriculture
polonaise entre sans aucun doute dans une ère
nouvelle de prospérité, prospérité surtout des petites exploitations.

D'après les données publiées récemment
par l'Office Général de Statistique, les récoltes
en Pologne se sont chiffrées, en 1928, par (en
milliers de tonnes):

Froment	1.612
Seigle	6.110
Orge	1.527
Avoine	2.498

Selon des estimations supplémentaires, la production par ha a été (en milliers de tonnes):

	Grande propriété	Petite propriété
Froment	715	897
Seigle	1945	4065
Orge	585	942
Avoine	828	1670

Et il n'y a là rien de surprenant — 75% des terres arables en Pologne appartiennent à la petite propriété (jusqu'à 50 ha).

L'amour de la terre est élémentaire chez le paysan; non seulement il est inspiré par des causes de nature économique (atelier de travail), mais c'est un des traits psychiques du peuple polonais.

Les hommes d'Etat polonais qui se soucient de la vie même de la nation traitent cette particularité caractéristique et le passage de la terre aux mains des paysans comme une des assises les plus solides de l'avoir et du développement de la puissance de la Pologne comme Etat.

Entre autres, l'ancien ministre L. Grabski, s'est exprimé en ces termes:

„Du peuple des campagnes, grâce à sa rapide maturation sociale, à son émancipation morale, sortiront de nouvelles forces de vie nationale, pleines de vigueur, et dans l'ensemble de la société s'ouvriront les coeurs et les cerveaux des individus pour le plus grand bien de la nation et du pays. C'est ainsi que par le peuple se produira la renaissance intérieure de la Pologne, par le peuple, unique fondement solide de notre indépendance".

Il serait difficile de ne pas reconnaître que dans le public polonais, surtout dans les sphères conservatrices, il existe beaucoup de partisans de la conservation de la grande propriété foncière et de l'état de possession actuel.

Pourtant, comme nous l'avons vu, la vie elle-même transmet fatalement la terre aux mains des petits agriculteurs.

Mais les rapports qui, dans l'agriculture, caractérisent de plus en plus la production, tendent peu à peu à déplacer le centre de gravité vers la petite propriété. Cette circonstance entraînera certainement des modifications de la vie sociale: la cherté de la main d'oeuvre, la variation de l'échelle des revenus, les exigences du marché, etc.

Les résultats parus récemment de l'enquête de la Chambre Agricole de Grande Pologne, ayant sous sa protection la province où la grande agriculture a pris le plus brillant essor, mettent en lumière le fait, qu'en ce qui concerne les blés d'hiver, les légumineuses et les plantes fourragères, se manifestent des changements prononcés et dignes de remarque.

La petite propriété a la prépondérance en blés d'hiver (68% de la superficie, et 60% dans la grande propriété) tandis que la grande propriété commence à l'emporter sur la petite quant à la superficie des champs des légumineuses industrielles (pommes de terre pour l'alcool et la drèche, betteraves à sucre) — 28% dans la grande et 18% dans la petite.

En ce qui regarde les plantes fourragères, la petite propriété y consacre 11% de son étendue, et la grande, en moyenne, 3% seulement.

Par contre, la petite propriété détient le record de l'élevage. Sur 100 ha de terre arable, elle possède un cheptel vif de 81.8 têtes, alors que la grande n'en a que 32.2.

La petite propriété pèse aussi d'une manière notable sur le bilan commercial de la Pologne, en ces derniers temps. En 1928, la production agricole exportée de Pologne était en majeure partie de provenance paysanne:

Porcs	208.000.000	de zl.
Bétail	3.640.000	,, ,,
Beurre	66.370.000	,, ,,
Oeufs	144.697.000	,, ,,
Produits de charcuterie	68.266.000	,, ,,

Cette production animale n'en est encore qu'à ses premiers efforts d'organisation rationnelle. Quant aux produits de l'élevage et de la laiterie, ils sont très recherchés sur le marché anglais et les premiers essais d'exportations de charcuterie à Paris ont complètement réussi.

La petite propriété participe aussi à la production de l'orge: en 1928, on en a exporté pour 13.000.000 de zl., pour 20 millions de lin, filasse, chanvre, pour 45 millions de pois et de fèves.

Le sucre — produit de la betterave que pour 90% cultive la grande propriété — figure au bilan de 1928 pour 131 millions de zlotys. La farine, la fécule de pommes-de-terre, les pommes-de-terre et les cossettes de pommes-de-terre pour 16 millions.

Les semences de plantes fourragères polonaises sont aussi l'objet d'une demande de plus en plus grande: on a exporté en 1928 pour 39 millions de semences de betteraves à sucre, pour 13.600.000 zl. de semences de plantes oléagineuses.

Au total, les produits agricoles (forestiers

y compris) figurent au bilan de l'exportation pour 1.545.401.000 zl.

Les données ci-dessus donnent une idée assez précise des tendances de la production agricole polonaise.

Le gouvernement et les sphères agricoles s'attachent avant tout aujourd'hui à augmenter le rendement de chaque hectare, et c'est ce à quoi conduisent non seulement les travaux d'amélioration entrepris sur une vaste échelle, mais aussi les dotations qui figurent dans le budget de cette année et que la Diète a trouvé bon d'accorder en une mesure plus large encore que ne le proposait le gouvernement.

La Diète a, de plus, porté au budget des fonds pour des travaux d'expérimentation et des recherches scientifiquement dirigées.

Enfin les agriculteurs, surtout en Posnanie, spontanément, ont mis leurs ateliers de production agricole sous la direction de la science.

La chimie et la microbiologie en ce qui touche la connaissance de la fécondité de la glèbe, sont aujourd'hui les facteurs dirigeants dans le domaine des engrais, de même que la physiologie, la philopathologie et la génétique dans le domaine qui leur est propre.

Et l'agriculture des petites exploitations en Pologne est en ce moment dans un état d'animation bienfaisante en fait d'organisation et d'adaptation aux progrès. Ce mouvement s'accentue surtout chez les jeunes gens des classes rurales. Le développement de l'esprit, la compréhension des devoirs, et la noble ambition de réaliser le perfectionnement des méthodes agricoles et de l'instruction du peuple, sont presque partout à l'ordre du jour. Dans ces derniers temps, ont été créés plusieurs milliers de sociétés de jeunes gens campagnards, et d'année en année se multiplient les concours agricoles.

De même surgissent chaque jour de nouvelles associations et coopératives agricoles — commerciales ou agricoles — industrielles de petits agriculteurs. L'enseignement de l'agriculture et de l'élevage s'améliore et s'accroît.

Bref, le pays fait tous ses efforts pour parvenir au plus haut dégré du développement de la production agricole en général et, en particulier, de celle des petites exploitations.

STANISLAS POSNER

Vice-président du Sénat,
président de la commission juridique du
Sénat, rapporteur des lois sociales,
président de la Ligue Polonaise des Droits
de l'Homme et du Citoyen.

Les lois ouvrières de la Pologne
(depuis 1919).

A peine libérée, la Pologne dès 1918 se mit au travail pour créer ou compléter son système de lois sociales. La Pologne est un pays de petits paysans, cependant elle comptait en 1918, d'après les statistiques officielles, quatre cents mille ouvriers dans la Pologne du Congrès, cent mille — en Galicie, 200.000 en Posnanie et en Haute-Silésie, 200.000 en Allemagne, voire 900 mille à 1 million d'ouvriers. Dans les parties soumises à l'Autriche et à l'Allemagne, ces prolétaires profitaient de la législation sociale allemande ou autrichienne. La législation sociale existait à peine en Russie. La plus grande partie de la Pologne était dépourvue de lois sociales. Des raisons impérieuses demandaient d'y pourvoir le plus tôt possible vu les mouvements révolutionnaires grondant à Berlin et en Russie. Dans ces conditions, on se mit au travail pour unifier les lois ouvrières ou sociales et on réussit à créer en Pologne un grand système de législation embrassant la vie ouvrière tout entière. Ces lois concernent:

1) la durée de la journée du travail;
2) le travail des adolescents et des femmes;
3) le congé de la classe ouvrière;
4) l'inspection du travail;
5) le placement;
6) les syndicats professionnels;
7) les conflits collectifs dans l'agriculture;
8) l'assistance sociale;
9î) l'assurance obligatoire;
10) la prévoyance;
11) la ratification des conventions internationales.

La durée du travail est réglée par une loi de novembre 1918. Cette durée est de huit heures. Le travail supplémentaire obligatoire ne peut être justifié que par la force majeure. Les dérogations facultatives doivent être approuvées par l'inspecteur du travail.

La loi du 18 décembre 1919 a confirmé les dispositions de ce décret. Elle a prohibé le travail de dimanche et des jours fériés et interdit le travail de nuit sauf dans les établissements à marche continue. Enfin, dans le commerce la durée de la vente des marchandises a été portée à 10 heures par jour (loi du 14 février 1922).

Le travail des adolescents et des femmes a été réglé par la loi du 2 juillet 1924. L'adolescent ne peut travailler qu'ayant 15 ans révolus. Le répos de nuit pour eux et pour les femmes doit durer au moins onze heures sans interruption. Cette loi interdit le travail des femmes dans les mines et établit les droits de la femme en état de grossesse.

Les congés des travailleurs. Une loi de mai 1922 introduit une institution inconnue ailleurs qui prescrit qu'un ouvrier (industrie et commerce) a droit à un congé payé de huit jours après un an de travail et de quinze jours après trois ans de travail sans interruption dans la même entreprise. Les adolescents au-dessous de 18 ans ont droit à un congé de 14 jours. Les travailleurs intellectuels du commerce, de l'industrie et des bureaux ont droit à un congé de 15 jours ou d'un mois.

Un décret du gouvernement provisoire du 3 janvier 1919 a organisé l'inspection du travail. Ce décret a été suivi des lois ultérieures. L'inspection du travail en Pologne est organisée d'un façon remarquable et n'est pas inférieure aux inspections d'autres pays les plus industrialisés.

Le placement est organisé sur la base de la gratuité du placement pour ceux qui sollicitent du travail. Des offices publics de placement ont été créés dans les villes de province et dans les stations de chemins de fer situées sur la ligne des frontières de l'état (décret du 27 janvier 1919, lois du 21 octobre 1921, du 10 juin 1924).

Un décret du 8 février 1919 s'est occupé des **syndicats industriels.** Ce décret assure une existence légale et la personnalité juridique à tout syndicat qui se fait enregistrer à l'Inspection du Travail. Une loi spéciale du 16 août 1923 s'est occupée de **l'assistance sociale** dûe aux enfants et adolescents, aux mineurs abandonnés, délinquants ou subissant l'action d'un mauvais entourage, dûe à la maternité, aux vieillards, aux invalides, aux mutilés, aux malades inguérissables, aux faibles d'esprit et en général, aux personnes inaptes au travail, aux sans - logis, aux condamnés sortant de prison. Cette loi s'occupe de la lutte contre la mendicité, le vagabondage, l'alcoolisme et la prostitution. Les frais de cette vaste loi sont supportés par les communes, l'Etat, etc. Cette loi a été complétée par une autre (18 fév. 1925), instituant un **Conseil de l'assistance sociale** à titre d'organe consultatif auprès du Ministre du Travail.

Le vaste domaine des **Assurances Sociales** a longuement occupé le législateur polonais. L'Assurance obligatoire contre les accidents du travail, contre l'invalidité, contre la vieillesse et contre les decès avait été organisée par l'Allemagne et l'Autriche dans les régions polonaises assujeties à ces Etats. Dans la partie soumise à la Russie, le système des assurances sociales n'existait pas. Une loi du 30 janvier 1924 a étendu à l'ancienne Pologne russe l'application des lois autrichiennes relatives à l'assurance des ouvriers contre les accidents. L'assurance contre la maladie était organisée seulement dans les régions soumises à l'Allemagne et l'Autriche. Une loi du 19 mai 1920 a établi un régime uniforme d'asurance contre la maladie pour tout le territoire. Elle a adopté le principe d'une caisse civique par district. La caisse a la personnalité juridique; elle vit des cotisations, dont $^3/_5$ payées par les employeurs, $^2/_5$ par les assurés. Les secours sont limités à 26 semaines par an. Les prestations versées pendant la durée de l'incapacité du travail s'élèvent à 60% du salaire.

L'assurance contre le **Chômage** est réglée par la loi du 18 juillet 1924 qui crée au Ministère du Travail un fonds de Chômage alimenté par l'Etat, les employeurs et les ouvriers. La subvention de l'Etat est égale à 50% des cotisations patronales et ouvrières. L'indemnité de chômage est fixée à 30% du salaire. *).

Somme tout, la législation sociale a fait en Pologne, depuis 1919, des progrès de tout premier ordre. Elle a en outre ratifié sans réserve 13 sur 21 projets de convention proposées par les Conférences Internationales du Travail de 1919, 1920, 1921. (Voir la table synoptique „Le Progrès des ratifications" publiée par le B. I. T. en juin 1927). La Pologne dans le domaine du Travail a fait un très grand progrès qui peut être caractérisé par deux principes: **humanisation et nationalisation** du Travail. Espérons que ce progrès ne s'arrêtera pas, que la **démocratisation** du pays ne s'arrêtera pas non plus et que la Pologne sortira de l'esclavage dans un

---

*) En 1929, le Ministre du Travail a déposé à la Chambre un vaste et très intéressant projet d'assurances sociales embrassant toutes les assurances. Ce projet n'a pas encore été discuté, cependant il a reçu un accueil très favorable lors de la première lecture. Ce projet couronne la législation sociale de la Pologne pendant le premier décennat de son existence comme Etat indépendant. Ce projet provoquera de nombreuses études scientifiques non seulement en Pologne et attirera l'attention des spécialistes étrangers.

temps relativement court, rattrapera le temps
perdu et trouvera sa place dans l'élite des Etats
les plus avancés au point de vue social et huma-
nitaire.

Dr. WITOLD KAMIENIECKI

SENATEUR.

Les Minorites Nationales
en Pologne.

D'après le recensement de 1921, la République de Pologne comptait 27.176.717 habitants; aujourd'hui cette population s'est accrue jusqu'à environ 31.500.000 âmes. En 1921, elle se composait de 69.2% de Polonais, 14,3% d'Ukrainiens, 7,8% de Juifs, 3,9% de Blancs-russiens, 3,9% d'Allemands, 0,3% de Lithuaniens. Le recensement de 1931 nous apprendra si ces rapports ont subi quelques modifications.

Les données du recensement de 1921 ont été l'objet de critiques de la part des minorités nationales et même, partiellement, de la part des Polonais. Toutefois ces critiques n'ont pas fourni de bases concrètes pour réédifier les chiffres existants, et, dans la suite de notre travail, nous ferons état uniquement des données de 1921.

Mais en dehors des erreurs ou omissions possibles du recensement, il est à se demander si la statistique est en état de présenter un ta-

138

bleau fidèle des rapports de nationalités dans
le pays.

Très facilement, la statistique peut distin-
guer la population allemande ou juive, nettement différenciées de la masse des habitants
d'une même localité. Par contre, s'il s'agit des
nationalités slaves ou des Lithuaniens, les données statistiques n'ont plus qu'une valeur très
relative, et c'est avec les plus grandes précautions qu'on doit en tirer des conclusions pratiques.

Les rapports de nationalité dans les marches de l'est ont un caractère évident d'instabi-
lité et d'abondance de formes transitoires parmi les groupes habitant ces parages: polonais,
blanc-russiens et ukrainiens. Dans le territoire
polono-blanc-russien surtout fourmillent les
exemples d'inconscience absolue de la nationalité, d'identification de la nationalité avec le
culte, d'un double sentiment national, etc. Les
rubriques statistiques répartissant la population en groupes bien marqués, ne peuvent
rendre toutes ces nuances, bien qu'on y ait introduit une rubrique spéciale „indigènes" et
qu'on y ait fait entrer en 1921, 49441 personnes
des voyévodies de Wilno et de Polésie. En réalité il devrait y en avoir bien davantage.

En analysant la statistique des nationalités,
il ne faut pas oublier qu'à l'ouest de la Pologne
nous avons affaire à des rapports complètement
cristallisés, tandis qu'à l'est nous en sommes
encore au troisième jour de la création, alors
que les terres furent séparées des mers.

Répartition et caractéristiques.

La population juive est dispersée dans tout

le territoire de l'Etat où elle se concentre principalement dans les villes (elle est très peu nombreuse dans les régions occidentales). Sur 2.100.448 Juifs, 1.702.667, soit environ 82%, habitent les villes. Etant donné le manque de cohésion territoriale et simultanément le caractère professionnel (commerçants et artisans) de la population israélite, s'impose l'obligation de traiter la question juive en Pologne comme un problème social plutôt que politique.

Sur les 1.059.194 **Allemands de Pologne,** 82% sont à demeure dans les voyévodies de l'Ouest: en Poméranie—175.771 (18.8% de la population globale), en Posnanie — 327.846 (16,7%), en Silésie — 318.786 (28.3%). En dehors de ces agglomérations, il existe quelques petits groupes d'Allemands disséminés dans tout le pays; à Lodz seulement, ils comprennent 4.6% des habitants.

La population allemande, aussi bien dans les villes qu'à la campagne constitue un élément en général aisé qui a trouvé en Pologne des conditions favorables à son travail. Dans aucun district, la population allemande ne forme la majorité et ne saurait élever des prétentions à l'autonomie territoriale.

La constitution et la législation polonaises assurent à cette population une représentation parlementaire, un enseignement en langue maternelle, et d'autres institutions culturelles — nationales. Le statut organique de la voyévodie de Silésie du 15.VII.1920 attribue toute la législation relative à la langue et à la nationalité dans cette province à la diète autonome de Silésie. Ce serait là un fondement tout-à-fait suffisant pour le bon accord dans la vie en commun polono-allemande, si n'y venaient à l'encontre des influences extérieures. Des agents plus ou moins responsables du Reich visent à faire servir la population allemande en Pologne d'instrument de leurs desseins. Une agitation généreusement rémunérée s'efforce de propager l'idée que les frontières établies par le traité de Versailles seront modifiées, et qu'il est du devoir de la population allemande de manifester partout son mécontentement de l'état actuel des choses, de s'en plaindre à la Société des Nations et d'obtenir l'intervention internationale dans le conflit le plus futile.

Cette tactique inspirée du dehors n'a pas pu contribuer à aigrir les rapports entre la population polonaise et les Allemands et a été pour ceux-ci des plus funestes. La pratique montre chaque jour que l'entente directe avec la société ou avec le gouvernement polonais assure aux citoyens de nationalité allemande une solution des litiges beaucoup plus avantageuse que tous les procès intentés à Genève. C'est de la claire compréhension de cette vérité que dépend le développement des rapports polono-allemands en Pologne.

La population **lithuanienne** est fractionnée en petits groupes au sein de la masse polonaise, sur la longue ligne frontière polono-lithuanienne, dans les voyévodies de Białystok, Wilno et Nowogródek. Il y a en Pologne, au total, 68.667 Lithuaniens, presque exclusivement petits propriétaires ruraux. Dans les villes, les Lithuaniens ne constituent qu'un pourcent tout à fait insignifiant. C'est dans les environs de Wilno que les agglomérations lithuaniennes sont les plus rares.

Il est donné, par l'Etat, et dans une très
large mesure, satisfaction aux besoins culturels
de cette population et les questions litigieuses
se réduisent pratiquement à des différends locaux touchant la langue des offices supplémentaires, plus rarement la langue à l'école.

Les **Ukrainiens** forment la plus nombreuse
minorité nationale en Pologne: elle s'élève à
près de 4 millions d'âmes (3.898.431). La population ukrainienne se concentra dans les voyévodies du sud-est, et notamment:

Dans la voyévodie de Lwów: 975.268 h.
(35.9% de la population globale).

Dans la voyévodie de Stanisławów: 940.555
h. (70.2% de la population globale).

Dans la voyévodie de Tarnopol: 714.031 h.
(50% de la population globale).

Dans la voyévodie de Wolhynie: 983.596 h.
(68.4% de la population globale).

Dans la partie méridionale de la voyévodie
de Polésie, se trouvent 156.142 Ukrainiens; dans
celle de Lublin, 63.079. Quant à la confession,
les deux tiers des Ukrainiens appartiennent à
l'église grecque - catholique (unie), un tiers à
l'église orthodoxe.

La statistique accuse 1.060.237 **Blancs-Russiens.** En réalité, leur nombre est beaucoup plus
considérable. Cette population est répartie dans
les quatre voyévodies du nord-est.

Voyévodie de Białystok: 119.402 (9.1% de
la population globale).

Voyévodie de Wilno: 249.857 (25.7% de
la population globale).

Voyévodie de Nowogródek: 310.355 (37.6%
de la population globale).

Voyévodie de Polésie: 375.220 (42.6% de la population globale).

Les deux tiers des Blancs-Russiens sont orthodoxes, un tiers — catholique.

La population ukrainienne de même que les Blancs - Russiens se compose, en énorme majorité, de petits agriculteurs. Dans aucune des principales villes l'élément blanc - russien ou ukrainien ne dépasse 10 à 12%. Sur 1.262.000 âmes de population urbaine, dans les quatre voyévodies du sud-est, les Ukrainiens ne comptent que pour 18% à peine; et sur 729.509 âmes de population urbaine, dans les quatre voyévodies du nord-est, il n'y a environ que 8% de Blancs-Russiens. Autour des villes avec prépondérance de population polonaise ou juive s'étend un immence échiquier polono-blanc-russien-ukrainien. Les districts à majorité ukrainienne ou blanc-russienne possèdent toujours un pourcentage notable de population polonaise et le plus souvent sont limitrophes de districts à majorité polonaise.

Sur le territoire des quatre voyévodies du sud-est habitent 2.500.000 Polonais; sur celui des quatre voyévodies du nord-est — 2.200.000. La population polonaise de ces régions n'est pas un élément adventice: elle s'y est établie depuis des siècles et des liens indissolubles l'attachent au pays. Cette population constitue un organisme social, complet et normal où sont représentés, à côté de la grande noblesse, des propriétaires fonciers de toutes les catégories, non moins que des intellectuels, des paysans et des ouvriers.

A la suite d'un processus historique de plusieurs siècles, toutes les contrées de l'est sont

parsemées d'îles, d'îlots, d'enclaves nationales;
dans chaque village, à peu près, cohabitent des
représentants de deux nationalités. Il n'est pas
possible de tracer une délimitation entre les
agglomérations polonaises, d'une part, et, de
l'autre, les agglomérations blanc-russiennes ou
ukrainiennes. Dans les extrêmes marches orientales, districts de Tarnopol, de Trembowla, de
Stołpce, de Dzisna, sont aujourd'hui installées
des masses compactes polonaises.

Aucune mesure administrative ou juridique,
aucun traité ne saurait modifier ce très ancien
état de choses. Les voyévodies orientales de la
République de Pologne ont été et resteront un
terrain classique à population mixte: au nord—,
polono-blanc-russien, au sud —, polono-ukrai-
nien.

Pologne ou Russie?

Les territoires situés entre le Dniepr, le
Bug et le Dniestr ont été l'enjeu de luttes per-
pétuelles entre l'Orient et l'Occident, entre la
Russie et la Pologne. Au milieu et à la fin du
XIV-e siècle, ces territoires (Ruthénie Rouge
et Grand-Duché de Lithuanie) s'agrégèrent à la
Pologne. Ce serait un réel anachronisme de re-
chercher à ces lointaines époques le sentiment
de la nationalité chez des peuples qui venaient
à peine d'entrer dans la famille européenne. La
couche éclairée locale accessible aux influences civilisatrices s'assimila rapidement à la Pologne et développa en elle un double patriotisme, où s'accordait l'attachement à une province particulière avec un profond amour pour
la République toute entière. „Gente Ruthenus

sum, natione Polonus" disaient au XVI-e siècle,
en parlant d'eux-mêmes, les citoyens de l'Ukraine actuelle.

Les partages de la Pologne n'ont rien changé à cet état des choses, et aux combats livrés par les Polonais en vue de recouvrer l'indépendance, ont pris part les meilleurs des fils de toutes les populations de l'ancienne République.

Vers le milieu du XIX siècle seulement, sous l'action de nouveaux courants sociaux et de l'idéologie démocratique des Polonais locaux, commence à s'éveiller la conscience de la nationalité dans les masses rurales qui avaient conservé comme langage oral le lithuanien, le blanc-russien et l'ukrainien.

Les mouvements populaires-nationaux, à l'origine polonophiles, ne tardèrent pas à être dirigés, par les Etats copartageants, contre la Pologne. Aux anciennes affirmations de la communauté polono-lithuano-ukrainienne, des groupes radicaux d'intellectuels et de demi-intellectuels, très peu nombreux du reste, opposèrent, en 1917, sous l'influence de la révolution russe, le programme de l'indépendance des trois Etats: Lithuanie, Ruthénie-Blanche et Ukraine.

Et c'est ainsi qu'au moment de la construction de la nouvelle carte de l'Europe, s'offrirent trois possibilités aux territoires de l'ancien Grand Duché de Lithuanie: la division en petits Etats indépendants, l'union avec la Pologne ou l'union avec la Russie.

La Lithuanie de Kowno fut érigée en Etat souverain. Toutefois, en rejetant la restitution, proposée par les Polonais de l'Etat historique lithuanien avec Wilno, comme capitale, et comprenant une population lithuanienne, polonaise

et ukrainienne, et en ne se contentant pas des
frontières ethnographiques, la Lithuanie de Kowno s'est privée de la base logique, donnant de
l'homogénéité à ses vues d'Etat. La pénurie
d'hommes capables de diriger les affaires publiques, jointe aux difficultés économiques, ont
plongé le régime intérieur de la Lithuanie dans
le chaos, tandis qu'à l'extérieur cette même Lithuanie est un des plus menaçants foyers de discorde de l'Europe.

Il était impossible de constituer un Etat
blanc-russien. Les territoires blancs-russiens,
dépourvus de toutes richesses naturelles, sans
charbon, sans fer, sans accès à la mer, condamnés à importer, non seulement tous les produits
industriels, mais encore le blé, n'ont jamais pu
présenter une base suffisante pour l'édification
d'un Etat indépendant, et n'ont aucune tradition
politique. Les sacrifices les plus généreux de la
pauvre et primitive population blanc-russienne
ne sauraient combler ces lacunes fondamentales.

L'Ukraine possède des richesses naturelles
et une situation géographique avantageuse. Par
contre, elle n'a pas de frontières bien délimi-
tées, ni, non plus, de noyau national cristallisé.
De plus, elle est exposée à une lutte impitoyable
avec la Grande Russie qu'elle sépare des ports
de la Mer Noire, du charbon, du fer et du froment. Les meneurs ukrainiens parlent d'un Etat
de 50 millions d'habitants, s'étendant du San
jusqu'au delà du Don. En réalité, il ne serait
possible de créer un Etat ukrainien qu'en y in-
corporant le territoire le plus purement ethno-
graphique (Kiew) prenant appui sur un organisme politique voisin et suffisamment fort pour

lui garantir une défense efficace contre les visées conquérantes de Moscou.

La formation d'Etats indépendants dans les marches de la Pologne serait une nouvelle balkanisation de l'Europe qu'il est aujourd'hui impossible de concevoir. La fiction des républiques soviétiques, blanc-russienne et ukrainienne devrait être, pour les agitateurs de ces nations, un salutaire avertissement. Par surcroît, ni l'Etat blanc-russien, ni l'Etat ukrainien ne résolvent le problème de la vie en commun sur un territoire à population mixte. Tout au contraire, en constituant des minorités polonaises fortes économiquement et intellectuellement, ils ne feraient que compliquer la situation présente.

Il ne leur reste donc qu'à choisir: la Pologne ou la Russie? Tout leur parle en faveur de l'union avec la Pologne. Au point de vue économique, ils sont dans la sphère de la domination du charbon polonais; l'industrie polonaise est la mieux appropriée aux besoins de leurs habitants qui, d'autre part, trouvent en Pologne l'écoulement de leurs produits agricoles. L'exportation du bois de la Ruthénie - Blanche doit passer par la Pologne. Les bassins du Niemen, de la Prypeć, du Dniestr ne font qu'un seul ensemble hydrographique avec le bassin de la Vistule auquel ils sont reliés par un réseau de canaux. Le caractère fédéral de l'ancien Etat polonais nous permet de créer les conditions d'une vie en commun pour plusieurs nations et de leur faciliter le processus de cristallisation nationale. Si l'on croit en la vertu créatrice de la culture occidentale européenne, il ne saurait y avoir d'hésitation à répondre à la question suivante: ces territoires à population mixte doi-

vent-ils entrer dans la sphère des influences de
la Pologne occidentale ou dans celle de la Russie
élevée dans un régime mongol et jusqu'ici oscil-
lant entre le despotisme et l'anarchie?

Le traité de Riga n'a attribué à la Pologne
qu'une partie de son domaine historique. Sans
entrer dans l'état de choses de l'autre côté de
la frontière, nous affirmons catégoriquement que,
pour les contrées qui se trouvaient autrefois
dans les frontières de la Pologne, une telle solution est la meilleure possible et assure à la population les conditions d'existence les plus favorables.

Les questions blanc-russienne et ukrainienne
en Pologne.

L'ensemble de la question blanc-russienne
et ukrainienne dans l'Etat polonais se compose
de toute une série de problèmes économiques,
administratifs, scolaires, culturels, confession-
nels, etc. En dépit de nombreuses analogies historiques, les besoins dans les territoires polo-
no-ukrainiens sont tout autres que dans les territoires polono-blanc-russiens, car la conscience
nationale chez la population ukrainienne est
beaucoup plus fortement cristallisée que chez
la population blanc-russienne.

Pendant de longues années la politique polonaise, par rapport aux provinces orientales,
a été soumise à bien des fluctuations. Le manifeste adressé par Joseph Pilsudski, général en
chef, aux peuples du Grand Duché de Lithuanie,
le 22 avril 1919, se basait nettement sur l'ancien fédéralisme jagellonien. Ce manifeste a été

148

réduit à néant par le traité de Riga. Plus tard,
l'acte d'accession du territoire de Wilno à la
Pologne, du 3 mars 1922, a assuré à ce territoire un statut autonomique à part. Cet acte a
été abrogé par la loi du 22 décembre 1925, instituant la voyévodie de Wilno. N'est pas non
plus entrée en vigueur la loi du 26 octobre 1922,
relative à l'autonomie des voyévodies de Lwów,
Tarnopol et Stanisławów.

Le 31 juillet 1924, ont été promulguées des
lois touchant la langue lithuanienne, le blanc-
russien et l'ukrainien dans les tribunaux, les services publics et l'enseignement. Ces lois n'ont
été que partiellement mises en vigueur et l'institution de l'école bilingue justement introduite
là où sont en contact deux nationalités, ne laisse
pas d'être aux prises jusqu'ici avec de sérieuses
difficultés.

Il convient incontestablement de recher-
cher la solution des problèmes les plus importants dans les territoires à population mixte par
la voie de la décentralisation et d'institutions
régionales. Il est possible que l'on arrive ainsi,
avec le temps, à l'autonomie de certains territoires à population mixte. En ce moment, la
réalisation du postulat de l'autonomie se heurte
à des obstacles d'ordre économique et moral
absolument insurmontables.

L'indigence des territoires blancs-russiens
et le développement unilatéralement agricole
des terres polono-ukrainiennes font qu'elles sont
encore fort éloignées de l'idéal de se suffire fi-
nancièrement à elles-mêmes. L'administration
de ces pays exige constamment que l'Etat en
couvre les gros déficits. L'aide des régions plus
riches de la Pologne du centre et de l'ouest

permet seule d'exécuter le programme d'investissements économiques et culturels absolument indispensables. Dans ces conditions, toute autonomie reste lettre morte du droit.

Par ailleurs, l'état des esprits dans les territoires à population mixte complique encore bien davantage la situation. Il faut nettement faire remarquer que la lutte qui se déroule dans ces provinces n'est nullement une lutte pour la liberté, mais bien pour la domination exclusive. Les deux parties comprennent la vie en commun des deux nationalités dans le même territoire uniquement comme rapports de souverains à sujets. Le problème des minorités devient, envisagé de ce point de vue, un problème de psychique collective plutôt que de politique.

L'efficacité de n'importe quelles réformes de régime dépend de deux éventualités: réussira-t-on à transformer l'ancienne psychique?— la nécessité d'une amiable vie en commun, d'une collaboration dans la concorde sera-t-elle comprise par les enfants parlant des langues diverses, d'un seul et même sol. Reconnaissant mutuellement leur droit à considérer leur territoire à population mixte comme leur patrie, elles doivent, ces nationalités, se faire à la nécessité de la coopération laborieuse dans la mise en valeur de leur pays, elles doivent s'asseoir à la même table, en qualité d'égaux avec les égaux.

JOSEPH DWERNICKI

Secrétaire du Groupe Parlamentaire Polono-Français.

Chronique Parlementaire.

10 janvier 1929 — 25 mars 1929.

Après les vacances de Noel qui ont pris fin le 11 janvier 1929, la Commission Budgétaire de la Diète a abordé le débat final et la troisième lecture du budget. Un vif intérêt a été suscité par la discussion de la proposition du Bloc gouvernemental relative à la révision de la constitution. A cette discussion qui figurait en première lecture, parmi d'autres points secondaires, à l'ordre du jour d'une des premières séances de la Diète après les vacances, ont pris part 22 orateurs représentant tous les partis. Après des délibérations qui ont duré deux jours le 22 janvier une résolution a été adoptée dont on trouvera le texte ci-après et qui établit aussi bien la procédure du dépôt des propositions d'amendement à la constitution que le règlement qui leur sera applicable:

Art. 100.

La révision de la Constitution par la deuxième Diète convoquée en vertu de la constitution du 17 mars 1921 aura lieu en vertu des propositions demandant la modification des dispositions particulières de la loi constitutionnelle émanant soit du gouvernement, soit des députés.

Art. 101.

Les propositions émanant des députés doivent être déposées dans les conditions prescrites par l'art. 125 al. 2 de la loi constitionnelle.

Art. 102.

Aux propositions d'amendement à la loi constitutionnelle est applicable la procédure des trois lectures, conformément aux articles 14—17 et en tenant compte des dispo·tions de l'art. 104 du règlement de la Diète.

Art. 103.

Lors des débats à la Commission les amendements aux propositions de revision de la loi constitutionnelle doivent être déposés dans les conditions préscrites par l'art. 44 du règlement de la Diète.

L'adoption ou le rejet des amendements présentés a lieu à la simple major'té des votants.

Les motions de la minorité de la commission doivent être revêtues de 111 signatures pour faire l'objet des délibérations et du vote de la Diète, s'ils ne se confondent pas avec la motion initiale déposée à ce sujet à la Diète.

Art. 104.

La Diète vote en deux lectures sur le rapport de la Commission les dispositions de l'art. 125 al. 3 de la Constitution (3/5 des votants la moitié au moins des députés étant présents) étant applicables uniquement lors de la troisième lecture.

Art. 105.

Les projets d'amendements au projet de la Commission présentés au plenum de la Diète doivent être revêtus de 111 signatures.

152

Art. 106.

Le vote de la Diète acquis en troisième lecture a-
vec application des dispositions de l'art. 125 alinéa 3
de la Constitution sera transmis par le Maréchal de la
Diète au Président de la République aux fins de signature et de publication.

Art. 107.

Aux questions ayant trait à la révision constitutionnelle et ne tombant pas sous le coup des prescriptions du chapitre IX, sont applicables les dispositions
contenues dans les autres chapitres du règlement déter-
minant la procédure législative ordinaire.

A la même époque, en rapport avec la loi
sur la nouvelle organisation des tribunaux mise
en vigueur le 1 janvier 1929 par M. Stanislas
Car, le nouveau ministre de la Justice, le groupe national proposa une motion de méfiance
au ministre. Il convient de noter que, pendant la
session d'automne, il a été décidé de disjoindre
le décret du Président de la République du 2 février 1928 et d'abroger toute une série de dispositions importantes relatives à l'inamovibilité
des juges. Cependant le décret est entré en vigueur avant que la disjonction eût été prononcée. La proposition tendant à mettre en minorité le ministre de la Justice, mise aux voix le 28
janvier 1929, n'a pas obtenu la majorité. Ont
voté pour la motion 84 députés contre 96. Comme il ressort de ces chiffres, les députés se sont
abstenus en grand nombre. Ont voté pour la motion le Groupe National et deux groupes de la
Gauche populiste (la „Délivrance" et, partiellement, le Parti Paysan). A voté contre le Bloc
Gouvernemental; le Parti Socialiste Polonais
et les groupes du Centre se sont abstenus.

Le 30 janvier a. c. la Diète a commencé la discussion en séance plenière du rapport de la Commission Budgétaire sur le budget pour l'exercice 1929/30. La discussion générale, longue et laborieuse, a duré dix jours; 19 orateurs y ont pris part alors que 143 ont participé à la discussion aux chapîtres sans compter les discours des ministres et des représentants du gouvernement.

Le 11 février, c'est-à-dire 4 jours avant le delai prévu par la Constitution pour l'envoi du budget à la Chambre Haute, la Diète a terminé les débats budgétaires. Nous ne donnons pas les chiffres, car on trouvera plus loin le montant du budget tel qu'il est entré en vigueur après avoir été voté par le Sénat et modifié ensuite, cette fois à titre définitif, par la Diète *).

Dans sa séance du 9 février la Diète a commémoré le dixième anniversaire du Parlement polonais. A cette occasion M. Daszyński, Maréchal de la Diète, a prononcé la discours suivant :

DISCOURS DE M. DASZYNSKI, MARECHAL DE LA DIETE.

Dix ans se sont écoulés aujourd'hui depuis l'ouverture de la première Diète de la République le Pologne unifiée et indépendante.

Notre Diète, issue du suffrage universel exerce le pouvoir législatif suprême au nom de la nation.

Comme l'Etat polonais lui-même la Diète a été créée après la guerre mondiale dans une période révolutionnaire. L'ouragan de l'après guerre, qui a vengé le sang humain si généreusement et si cruellement versé,

---

*) Aux termes de la Constitution polonaise les amendements proposés par le Sénat peuvent être rejetés par la Diète à la majorité des 11/20 des votants.

154

détruisait une à une les citadelles du régime monarchique en Europe.

A l'Est le régime du Tsar flambait dans l'incendie révolutionnaire. A l'Ouest la monarchie des Habsbourgs, vieille et vermoulue, cédait aux coups que lui portaient les nations libérées. Guillaume Hohenzollern, fuyant la révolution allemande, se réfugiait à l'étranger abandonnant le pouvoir à la République triomphante.

La Pologne s'organisait au milieu de l'ouragan révolutionnaire. Son instinct national lui indiqua les fondements qui devaient servir de base à l'édifice de l'Etat. Ce fondement c'était le régime républicain et la démocratie parlementaire.

Ni la monarchie héréditaire, ni le césarisme, ni la dictature, même exercée par les individualités les plus puissantes, ne pouvaient former les assises de l'Etat dans la tourmente révolutionnaire d'après guerre.

Le char de l'Etat ne pouvait jeter son ancre que dans les coeurs mêmes de l'ensemble des citoyens. La République et la Démocratie étaient une nécessité historique et politique.

Ainsi le gouvernement de Joseph Piłsudski, dont le pouvoir avait un caractère dictatorial, s'empressa-t-il de prescrire les premières élections et de convoquer la Diète à Varsovie le 9 février 1919.

Piłsudski remit le pouvoir entre les mains de la Diète qui le lui remit à son tour en le nommant chef de l'Etat.

On voit revivre à cette époque les souvenirs héroïques de Kościuszko, dont un chef, plus heureux parce que victorieux, recueille la glorieuse succession.

Cette période agitée de notre histoire confirme l'ancienne vérité qu'en temps d'orage et de danger la nation tout entière doit être appelée à participer à la défense des es droits et de son indépendance, même au prix de la vie et de la fortune. Combien souvent cette vérité était oubliée, une fois l'orage passé. La Diète fut le terrain où se recontrèrent pour la première fois depuis 130 ans, les représentants de toutes les provinces polonaises.

C'est dans un dur labeur et dans la souffrance que commencèrent à se cicatriser les blessures des partages. La Diète devint le centre de ralliement de tous les Polonais dont, tout un siècle durant, on voulait faire par la force des Prussiens, des Autrichiens et des Russes.

Après avoir élu le chef de l'Etat la Diète commença les travaux législatifs dont les résultats après dix années se présentent comme suit.

Les trois premières Diètes ont voté 1100 lois. En voici les plus importantes: Dans le domaine constitutionnel la Diète de Pologne a voté le statut de la voïévodie autonome de Silésie, la loi constitutionnelle de la République, la loi électorale à la Diète et au Sénat, la loi sur le Tribunal de l'Etat.

Dans le domaine de la législation administrative: loi sur la police, loi sanitaire, loi sur la langue d'Etat, loi sur la nationalité, loi sur le Tribunal Suprême administratif.

Dans le domaine de la législation fixant le statut du service civil et militaire: lois sur le service civil, sur l'obligation militaire; sur les droits fondamentaux des hommes de troupe, sur les droits fondamentaux des officiers, sur les retraites des fonctionnaires de l'Etat, sur les traitements des fonctionnaires civils et militaires.

Dans le domaine de la législation du travail: lois sur la journée de 8 heures, sur l'assurance en cas de maladie, sur l'assurance contre le chomage, sur le travail des adolescents et des femmes, sur les congés des travailleurs.

Dans le domaine de la législation fiscale: lois sur l'assainissement financier et la réforme monétaire, loi relative à l'impôt sur le revenu, la fortune, les dons et successions, lois sur le timbre, sur les finances communales, sur les pénalités fiscales, sur les monopoles du tabac, de l'alcool et des allumettes.

Dans le domaine de la législation agraire: loi sur l'exécution de la réforme agraire, loi sur le remembrement.

Enfin il convient de noter certaines lois importantes telles que la loi sur le droit d'auteur, la loi relative à l'organisation des consulats, la loi sur la protection des locataires, sur l'extension des villes, sur la protection des inventions et des marques de fabriques, sur l'assurance obligatoire contre l'incendie, sur les coopératives, ainsi que bien d'autres lois importantes et utiles.

Nous sentons tous que toutes ces lois, si nombreuses soient-elles, ne sont qu'un commencement. Un travail énorme reste à accomplir. Il nous faut des milliards pour la construction et l'organisation des écoles, le développement et la modernisation des moyens de communication, la reconstitution du pays, le développement de l'agriculture. Mais nous nous rendons compte également que le Parlement n'accomplira pas ce travail sans un appui actif de la part du gouvernement et de la population, d'autant plus que la durée de ces travaux est de plus en plus parcimonieusement mesurée.

Les dix années écoulées n'ont pas été sans nous apporter des expériences précieuses.

Notre Diète est divisée en un trop grand nombre de groupes et de partis. Ce fait mérite d'être médité. Il provient des conditions d'évolution naturelles de la Pologne et notamment du fait qu'elle a été partagée en trois tronçons pendant 150 ans et que les différents groupes nationaux ne sont pas encore parvenus à discerner leur intérêt commun. Chaque province, même la moins étendue, se croit en devoir de maintenir toute une

gamme de partis politiques et sociaux. D'autre part le
phénomène de l'éparpillement politique en Pologne
a pour cause le développement économique insuffisant
du pays. Le régime anglais ou américain des deux partis n'existe pas et ne peut pas exister en Pologne. Les
progrès de la compréhension des intérêts économiques
et politiques communs de l'Etat, feront disparaître d'une
façon progressive mais continue, les inconvénients de la
multiplicité des partis et le Parlement polonais finira
par apprendre l'art du raisonnable compromis.

Je pense qu'aucun Parlement du monde ne s'est
attiré, autant que le Parlement polonais, le reproche de
démagogie. En tant que membre de la Diète depuis les
premiers jours de son existence, je dois avouer que ce
mal était répandu parmi les parlementaires polonais.
Mais il était principalement alimenté par l'inconscience
des masses populaires et par la méconnaissance des
problèmes essentiels, politiques et économiques.

L'analyse de la démagogie parlementaire constitue
un des thèmes les plus curieux de la psychologie politique, cependant ce n'est pas la place ici de l'analyser. Mais tout en disant „mea culpa", nous avons le
droit de demander si les leaders, les dictateurs et même les monarques héréditaires ne se livraient pas à la
démagogie lorsqu'ils se heurtaient à des difficultés dans
le gouvernement de leurs peuples. La démagogie est
l'ombre dont s'accompagne toujours l'effervescence politique, mais cette ombre n'est pas l'attribut exclusif du
Parlement polonais.

Le jeune Parlement de l'Etat restauré a bien des
fois transmis ses droits dans le domaine législatif au
pouvoir exécutif, soucieux uniquement de servir l'Etat
et d'améliorer le rendement de l'activité gouvernementale.

La législation par décret a pris un grand développement en Pologne. Ces renoncements de la Diète n'ont

pas toujours donné, en pratique, les résultats correspondants aux motifs dont s'inspirait le Parlement, aussi devraient ils être considérés comme moyen tout à fait exceptionnel dans le régime parlementaire.

Après la constitution du Sénat les deux assemblées, réunies en Assemblée Nationale, ont exercé, à trois reprises, le droit qui leur est dévolu d'élire le Président de la République. Leur premier choix se fixa sur la personne de feu Gabriel Narutowicz, homme d'une force de caractère implacable, savant et ingénieur de réputation mondiale.

Le premier président a été assassiné par un criminel fanatique.

A ce sacrifice de la vie au service de la Patrie, la Diète n'a pas encore rendu l'hommage qu'il mérite. Je n'appelle pas la vengeance, je la laisse aux dieux, mais je considère que la Diète a un devoir moral d'honorer le mémoire du Président martyre par un monument durable. Une proposition dans ce sens sera soumise à la Diète.

Le parlementarisme polonais traverse une crise. Les compétences du Parlement dans le domaine législatif et du contrôle sont violemment contestées par un grand nombre de citoyens. Il ne m'appartient pas en ce moment d'analyser les éléments de la crise. La lutte pour le changement de la Constitution sera engagée à la Commission constitutionnelle et aux séances plénières de la Chambre.

Je tiens à exprimer ici un seul voeu pour sauvegarder le bon renom et assurer le cours normal de la vie nationale: que les discussions constitutionnelles s'inspirent des données de la science et qu'elle aient lieu publiquement dans la pleine conscience des responsabilités et non au milieu d'injures et de menaces.

Le parlementarisme démocratique est une phase nécessaire de la vie constitutionnelle de la Pologne. La

Pologne ne saurait aujourd'hui revenir au gouvernement d'une personnalité, quel que soit son poste officiel, pas plus qu'elle ne pourra réaliser dans un proche avenir le principe du gouvernement direct du peuple.

Puisqu'il en est ainsi, les deux pouvoirs: législatif et exécutif, doivent en tirer les conséquences dont la plus importante est la collaboration loyale, sincère des deux pouvoirs, s'inspirant uniquement du souci du bien public.

Nous ne craignons nullement les conflits résultant de divergences d'opinions et d'intérêts, par plus au sein du gouvernement qu'à la Diète, étant donné que la vie d'une nation ne saurait être stagnante.

Mais que personne ne puisse reprocher au pouvoir constitutionnel polonais de trahir l'intérêt de l'Etat, d'agir ouvertement à son détriment.

A l'occasion du X-me anniversaire de l'existence de la Diète j'exprime le voeu respectueux qu'elle continue, comme par le passé, à représenter dignement la grande Nation Polonaise.

Le gouvernement n'ayant pas présenté le projet de loi exigé par la Constitution portant ouverture des crédits supplémentaires pour 1927/28 (comme on sait les crédits budgétaires ont été dépassés d'environ 563 millions, pendant l'exercice 1927/28), à l'ordre du jour de la séance de la Diète du 19 février se trouva une motion des groupes de gauche demandant la mise en accusation du ministre des Finances M. Gabriel Czechowicz devant le tribunal d'Etat. M. Bartel, président du Conseil, a pris à plusieurs reprises la parole à ce sujet à la Commission budgétaire. Il a tenu à déclarer également, devant la Diète réunie en séance plenière, que tous les gouvernements précédents ont dépassé les crédits budgétaires, que les crédits supplémentaires ont été ouverts par le gouvernement actuel en vertu d'une décision du Conseil des ministres et que le gouvernement pris dans son ensemble déposera le projet de loi y relatif après la clôture des comptes pour l'exercice écoulé. Le gouvernement estime par conséquent que la motion devrait viser le gouvernement tout entier, et non particulièrement la personne du ministre des Finances. Toutefois, le point de vue du gouvernement n'a pas été partagé par la Diète et la motion de méfiance, après une courte discussion, a été renvoyée à la Commission budgétaire qui s'est vue conférér le droit de Commission extraordinaire chargée de se prononcr sur la mise en accusation d'un ministre devant le Tribunal d'Etat.

Conformément à la résolution votée par la Diète réglant la procédure du dépôt des projets d'amendements de la constitution, résolution dont il a été question plus haut, le groupe parlementaire du Bloc de Collaboration avec le gouvernement a remis le 6 février au Maréchal de la Diète un projet de révision constitutionnelle. Celui-ci, aux termes de l'article 129 de la constitution, ne peut faire l'objet de la discussion que quinze jours après son dépôt. C'est donc le 22 février que commença, sur le projet susmentionné, une discussion approfondie inaugurée par le discours du député Sławek, président du groupe parlementaire du Bloc Gouvernemental. Dans les quatre séances successives de la Diète 23 orateurs prirent la parole et le 4 mars a. c. le projet a été renvoyé à la Commission Constitutionnelle.

Il convient de remarquer à ce propos que le groupe du Bloc Gouvernemental a déposé peu après, vu la clôture prochaine de la session budgétaire (qui prend fin, on le sait, le 1 avril) sur le bureau de la Diète, une proposition de loi qui tendait à faire rconnaître à la Commission Constitutionnelle le droit de délibérer dans l'intervalle entre les sessions des deux Chambres, et ce pour lui permettre d'approfondir, dans une atmosphère de calme, la discussion sur le projet constitutionnel. Mais cette proposition n'a pas rencontré l'appui nécessaire.

A la même époque le maréchal Piłsudski, ministre des Affaires militaires, assista à une des séances de la Commission budgétaire du Sénat, lors de la discussion du budget du ministère des Affaires Militaires et y prononça un long discours qui eut un écho retentissant en Pologne et à l'étranger. Ce discours détermina, sur le terrain parlementaire, le dépôt de différentes motions et interpellations auxquelles cependant il n'a pas été donné suite à cause de la clôture de la session budgétaire.

Tandis que la Diète, en ses séances plénières, expédiait des affaires d'importance relativement secondaire, le commission budgétaire, siégeant comme commission extraordinaire, a abordé l'examen de la motion visant le ministre Czechowicz. Pour fixer l'orientation du lecteur quant à l'attitude du gouvernement et de la Diète, qui défendait en cette affaire son droit incontestable d'établir le budget de l'Etat et d'en contrôler l'exécution, et ne pouvant pas dans le cadre restreint de cette étude, rendre compte de l'ensemble des travaux de la commission, nous reproduisons ci-après trois discours prin-

162

cipaux prononcés en séance plénière par MM.
Lieberman, Krzyzanowski et Rybarski ainsi que
le texte intégral de la lettre adressée à la Commission par M. Czechowicz dont la démission
comme ministre des Finances, donnée de sa
propre initiative, a été acceptée à la date du 8
mars 1929.

DISCOURS DE M. LIEBERMAN.

Au nom de la Commission Budgétaire j'ai l'honneur
de proposer à cette haute assemblée le vote de la motion suivante:

„La Diète décide de mettre M. Gabriel Czechowicz en
état d'accusation devant le Tribunal d'Etat pour avoir
enfreint intentionnellement les dispositions de la loi
des Finances du 22 mars 1927. („Journal des lois de la
République de Pologne" No. 30, texte 234).

Je me permettrai, Messieurs, de vous exposer cette
affaire à la lumière des faits afin que toute personne
non prévenue, dans cette enceinte ou ailleurs, soit en
mesure de se faire à son sujet une opinion objective.

Par la loi du 22 mars, votée par les deux Chambres
législatives, le budget des dépenses publiques a été fixé, pour l'exercice qui court du 1-er avril 1927 au 31
mars 1928, à 1.988.268.410 zlotys. Mais déjà dans la
première quinzaine du mois d'avril, donc au début de
l'année budgétaire, le Ministre des Finances M. Czechowicz a commencé à ouvrir des crédits, c'est-à-dire
à effectuer des dépenses non prévues au budget et qui
n'étaient pas votées par les Chambres législatives. Et il
en fut ainsi presque chaque jour durant toute l'année
budgétaire.

A proprement parler M. Czechowicz opérait avec
deux budgets, l'un légal et figurant dans la loi promulguée, l'autre illégal inconnu de l'opinion et des autorités
de contrôle, un budget secret qui n'a pas été voté.

Si le budget légal a été fixé par la loi, l'autre budget devait être nécessairement calculé et établi par la voie de contrôle exercé par la Chambre Suprême du Contrôle. C'est en effet par celle-ci qu'on en connut l'existence. Les premiers doutes surgirent en novembre 1927 et la Chambre délégua, auprès du Département Budgétaire du Ministère des Finances, son représentant. Celui-ci établit que, pour la période qui va du 1-er avril à fin novembre 1927, les dépenses budgétaires ont été dépassées pour un montant de plus de 219 millions.

Ceci établi, le Président de la Chambre du Contrôle a adressé, en date du 10 janvier 1928, une lettre au Ministre des Finances où il lui communique ses observations et demande sur quelle base les transgressions budgétaires ont été effectuées. En même temps la Chambre a demandé au Ministre des Finances de porter à sa connaissance à l'avenir toutes les depenses extra-budgétaires et de lui faire savoir en vertu de quelles dispositions elles ont été engagées. A cette lettre M. Czechowicz n'a pas répondu pendant deux mois et demi. Ce n'est que le 31 mars 1928, donc quelques jours après la réunion de la nouvelle Diète, que le Ministre des Finances a adressé à la Chambre du Contrôle une lettre en date du 31 mars, dernier jour de l'année budgétaire, où il précise que les dépenses extra budgétaires n'ont été ordonnancées que dans les cas de nécessité d'Etat et que le Ministre établit actuellement un projet de loi sur les crédits additionnels qu'il soumettra à la Diète.

Malgré cette assurance faite par le Ministre des Finances le projet de loi sur les crédits additionnels n'a pas été déposé. Ce n'est qu'après la fin de l'année budgétaire, lorsque la Chambre Suprême du Contrôle se trouva en posséssion de tous les comptes mensuels, qu'elle se mit à établir la somme des dépenses effectuées en dehors du budget ainsi que des virements illégaux pour

toute l'année. En juin ce montant a été fixé provisoirement à 562 millions. Après avoir fait cette constatation,
la Chambre a adressé au Ministre des Finances le 15
juin 1928 une lettre dans laquelle, tout en rappelant la
promesse du Ministre en date du 31 mars, elle lui communiquait le montant des transgressions et demandait
derechef de quel droit elles ont été effectuées et à quelle date le ministre déposera à la Diète le cahier de crédits supplémentaire.

Depuis le 31 mars, malgré trois sommations de la
Chambre Suprême du Contrôle — silence. Enfin, en
novembre 1928, vint le tour des travaux budgétaires pour
l'exercice 1929/30. La Commission Budgétaire conçut une
vive inquiétude de l'état de choses que j'ai décrit plus
haut et se mit à insister pour obtenir ce que la Chambre du Contrôle avait sollicité en vain. La séance de la
Commission du 28 novembre 1928 fut décisive à cet égard à cause d'un projet de réalisation du groupe national demandant le dépôt immédiat d'un projet de loi
sur les crédits additionnels. C'est alors que M. Bartel
fit une déclaration où, après avoir abordé différentes
questions se trouvant en rapport avec l'affaire principale, il dit ce qui suit:

„Il peut y avoir contestation sur la question de
savoir s'il convient d'identifier l'acceptation des dépenses extra-budgétaires avec la quittance générale, accordée au gouvernement; mais tant que les choses restent
où elles sont, la loi est indispensable et un projet dans
ce sens sera présenté. Mais je vous prie Messieurs, de
ne pas me fixer un délai et je vous assure, pour ma
part, que le gouvernement fera tout son possible pour
que l'affaire soit reglée dans le plus bref délai".

En réponse à cette déclaration M. Woznicki, vicemaréchal de la Diète a annoncé au nom des gauches
qu'il prenait acte de l'assurance du Président du Con

seil sans demander au gouvernement de fixer un délai
précis, croyant pouvoir compter sur le dépôt des crédits additionnels dans le plus proche avenir c'est-à-dire
avant le vote du budget par la Diète.

A la suite de cette déclaration la Commission Budgétaire prit une résolution où on lisait notamment: „La
Commission budgétaire prend acte de la déclaration de
M. le Président du Conseil selon laquelle le cahier de
crédits additionnels sera déposé indépendamment de la
clôture des comptes budgétaires". Puis l'affaire passa
devant la Diète. Le 5 décembre M. Rataj fit un rapport
à son sujet où il exposa l'ensemble de l'affaire et prit
position contre la demande du Groupe National qui a-
vait insisté pour que l'obligation du dépôt, des crédits
additionnels soit remplie immédiatement. M. Rataj a
répondu que le gouvernement reconnaît l'obligation de
déposer à la Diète le projet de crédits additionnels indépendamment de la clôture des comptes. Et le rapporteur l'a dit en présence du gouvernement qui n'a élevé aucune protestation contre ce point de vue.

Ceci se passait le 5 décembre 1928. Ce n'est qu'a-
lors que M. Czechowicz trouva la temps pour répondre
à la Chambre du Contrôle à qui il a adressé une lettre
en date du 10 décembre 1928 qui contient le passage suivant: „En réponse aux lettres de la Chambre Suprême
du Contrôle en date du 15 juin, du 31 août et du 27
octobre 1927 le Ministère des Finances fait savoir que,
conformément à la déclaration de M. Bartel, Président
du Conseil des Ministres, faite à la Commission Budgétaire le gouvernement déposera à la Diète le projet de
loi portant ouverture des crédits additionnels pour l'année 1927/28 et relatif aux virements budgétaires en 1928.
Signé: Czechowicz, Ministre des Finances.

Deux mois s'écoulent. Enfin le 11 février 1929, M.
Woźnicki, vice-maréchal de la Diète, inquiet de ce que
l'engagement si solennellement contracté n'est pas en-

166

core tenu, fait la déclaration suivante: „Je constate que
le problème central de la présente discussion budgétaire est celui de faire apparaitre au grand jour les dépenses effectuées en dehors du budget pendant l'exercice
1927/28 pour un montant de 500 millions de zloty". Plus
loin M. Woznicki constate que le gouvernement n'a pas
rempli la promesse donnée et conclut comme suit: „Je
m'adresse donc à nos collègues des groupes de gauche
en les invitant à refléchir s'il n'est pas de notre devoir,
en vertu du principe de la responsabilité constitutionnelle des Ministres, de faire usage de notre droit à l'é-
gard de M. le Ministre des Finances et de le rendre
responsable d'avoir enfreint la loi de Finances pour
1927/28 en engageant illégalement des dépenses se montant à 500 millions de zloty. Le groupe de la „Déli-
vance" (Wyzwolenie) a pris une décision à cet égard et
s'adressera prochainement aux autres groupes de gauche pour obtenir les 100 signatures requises pour la motion ayant trait à la mise en accusation d'un Ministre devant le Tribunal d'Etat".

Ceci se passait le 11 février. Une semaine s'écoule.
La motion ne fut déposée que le 18 février sur le bureau de la Diète. Pendant les huit jours le ministre des
Finances, s'il croyait sa mise en accusation susceptible
de déterminer des conséquences catastrophiques pour le
bon renom de la Pologne au regard de l'étranger et plus
particulièrement du monde financier, aurait eu tout le
loisir pour prévenir ces conséquences néfastes. Il aurait
pu s'entendre avec les députés qui se préparaient à déposer la motion, il aurait pu soumettre à la Diète le projet
de loi sur les crédits. Ce projet ne nécessitait pas des
travaux préparatoires onéreux, M Bartel ayant lui-même déclaré à la Commission Budgétaire, au moment où
il refusait de présenter les copies des résolutions du
Conseil des Ministres, qu'il ne pouvait pas satisfaire à
cette demande", car cela aurait équivalu à déposer le

projet des crédits additionnels, il est vrai, non à la Diète, mais à la Commission".

Mais M. le Ministre des Finances s'est de nouveau plongé dans le mutisme; la motion sur la mise en accusation a été déposée le 18 février. Huit jours s'écoulent sans qu'il prenne une initiative quelconque à cet égard. C'est alors que commence, le 26 février a. c., cette discussion pénible, comme plusieurs d'entre nous, Messieurs, qui ont été les adversaires de l'accusation, l'avons constaté à plus d'une reprise. Au cours des débats M. le Président du Conseil prend la parole et, à la surprise de tous ceux qui ont assisté au débat à la Commission et à la Diète le 5 décembre dernier, fait savoir que, „conformément à une déclaration précédente, le gouvernement soumettra au Parlement les projets tendant à légaliser les transgressions budgétaires pour l'exercice 1927/28 en même temps que les comptes pour la même période, après l'approbation de ceux-ci par la Chambre Suprême du Contrôle". Ce changement de front ne pouvait manquer de provoquer un mouvement de stupeur. A la Commission, à la Diète et dans ses lettres le ministre assure, et tous les ministres intéressés le répètent sans y mettre aucune condition, que le projet de loi sera déposé; et voici un zigzag en sens contraire et un revirement d'attitude à l'égard de la Diète qui n'a pas oublié la déclaration précédente de M. le Président du Conseil.

Ce revirement devait nécessairement provoquer les conséquences qui se sont produites effectivement protestation contre cette attiude.

Voici la situation telle qu'elle apparaît à la lumière des faits que je viens de présenter. Jugez, Messieurs, et que le pays entier en juge, de quel côté se trouve la faute. Songez: le budget a été dépassé de 566 millions, c'est-à-dire de plus de 28%. Jamais, dans la Pologne restaurée, Ministre des Finances n'a transgressé les crédits pour une somme aussi énorme. Et cependant la Commission Budgétaire et la Diète, dont la majorité est en opposition contre le gouvernement, prend acte avec la meilleure bonne foi de la déclaration du Président du Conseil, malgré le chiffre record des dépenses illégales. Mais voici comment elle est recompensée pour son attitude loyale dictée par le désir d'éviter une crise politique et pour son souci d'une bonne gestion des finances publiques: une année durant le Président de la Chambre Suprême du Contrôle tallonne littéralement le ministre des Finances et lui demande comme une grâce de remplir un devoir prévu par la loi: mais le ministre ne répond pas et le Président du Conseil annule la résolution de la Diète. Dans ces conditions la nécessité se pose automatiquement d'en faire appel au Tribunal d'Etat. Ainsi la Commission Budgétaire a commencé ses travaux comme Commission extraordinaire chargée de se prononcer sur la motion relative à la mise en accusation du Ministre des Finances.

M. Czechowicz, conformément à la loi, s'est présenté à la Commission et s'est expliqué devant elle. Ses déclarations n'étaient pas tout à fait nettes, mais voici quel sens s'en dégageait: je partage, dit-il en substance, votre opinion que la loi sur les crédits additionnels, loi votée par la Diète, était nécessaire; j'ai demandé à plusieurs reprises, en donnant ma démission, 'a légalisation de ces crédits, mais ma bonne foi se heurtait à la résistance du Conseil des Ministres et de M. le Président du Conseil.

La Diète n'a pas voulu faire de la gestion financière le terrain de luttes politiques et c'est pourquoi elel a fait confiance au chef du gouvernement et à la parole qu'il a donnée. La Diète entend rester fidèle à cette attitude, aussi demande-t-elle que la responsabilité de cet état de choses illégal, des atteintes aux droits de la Chambre du Contrôle et à la volonté de la représentation nationale, incombe à celui qui porte cette responsabilité en vertu de la loi.

Je vous invite, Messieurs, à relire la loi de finances. Chaque article mentionne le Ministre des Finances à qui la loi confie un véritable pouvoir dictatorial. C'est lui, et lui seul, qui a le droit de décision dans les questions intéressant la gestion financière; il ouvre les crédits et sans son consentement pas un sou ne peut sortir des caisses de l'Etat; sans lui aucun ministre ne peut se voir accorder les crédits qu'il demande car le Ministre ouvre les crédits c'est-à-dire en constate les bases légales. Ce pouvoir dictatorial a été remis au Ministre des Travaux afin de le rendre indépendant des autres Ministres, du Président du Conseil et du Conseil des Ministres, pour mettre la gestion financière à l'abri des empiètements des partis.

En Autriche, sous le régime semi-constitutionnel, l'empereur François Joseph avait exigé aussi des crédits extra-budgétaires; mais il s'est attiré, de la part du Ministre des Finances Buck, cette réponse: „Que Dieu soutienne notre empereur, moi je ne peux plus le soutenir". Et il refusa les crédits au souverain.

Conformément au voeu de M. Bynka, rapporteur général du budget dont il est question aujourd'hui, une dictature financière a été remise, par la loi du 22 mars, entre les mains du Ministre des Finances. Quel usage en fit M. Czechowicz? Ce pouvoir il l'annihila lui-même car il n'était que l'exécutant docile de la volonté des autres Ministres. Comme il ressort de ses lettres, lorsque les crédits atteignirent une somme énorme et la conscience lui commandait de solliciter la légalisation, au lieu de se conformer à la loi qui lui ouvrait la voie à la Diète, il s'est soumis à la volonté de M. le Président du Conseil qui lui a fermé cette voie. C'est là, Messieurs, que réside la grande faute de M. le Ministre des Finances. On peut être coulant et affable dans les relations

personnelles, mais là où il s'agit de l'intérêt public et des
deniers déposés par des millions de citoyens dans les
caisses de l'Etat — là, dis-je il est interdit au Ministre
des Finances d'être un simple fonctionnaire préposé
à la caisse de M. le Président du Conseil ou un sergent
comptable du bataillon.

M. le Ministre des Finances s'est plaint, dans sa
déclaration, de ce que nous nous sommes montrés plus
exigeants à son égard qu'envers tous ses prédécesseurs.

Or, je demande à M. le Ministre des Finances s'il a
fait preuve d'indulgence vis-à-vis de la représentation
nationale, si un quelconque de ses prédécesseurs a fait
si bon marché et ignoré à ce point la Chambre Suprême
du Contrôle qui est l'organe de la Diète, s'il en a eu
un seul qui eut transgressé le budget pour la somme
énorme de 566 millions?

L'intransigeance dont on accuse la Diète n'a pas pour
cause la volonté de celle-ci, mais le montant formidable
des dépenses effectuées en dehors des crédits budgétaires et les méthodes appliquées par M. Czechowicz envers
la Diète et la Chambre Suprême du Contrôle.

Le Ministre des Finances a allégué à sa décharge
qu'il était dans l'impossibilité de refuser les crédits pour
l'approvisionnement de l'armée, les pensions des invalides de guerre etc. etc. Mais la Diète a-t-elle jamais re-
fusé ces crédits? Les sommes importantes absorbées par
l'approvisionnement et les pensions d'invalidité n'ont pas
été dépensées en un jour et leur consommation a été re-
partie sur plusieurs mois de telle sorte que le ministre
pouvait solliciter les crédits de la Diète qui, lorsqu'il sa-
gissait des besoins de l'armée, et lorsque les conditions financières le permettaient, n'a jamais été avare de l'argent public; aussi fidèle à cette tradition, eut-elle très
certainement voté les crédits demandés

Il sera question, dans cette enceinte, des mérites de
M. Czechowicz; je n'ai ni le droit, ni la compétence pour

les mettre en doute. Il convient de leur rendre hommage,
mais la reconnaissance d'un mérite ne donne pas le droit
de violer la loi. Plus un homme a de mérites pour son
pays, plus il doit s'incliner devant la loi. En effet que
deviendrait l'Etat si le ministre, toute l'année durant,
pouvait enfreindre la loi pour la seule raison d'être Ministre. Il y eut, dans histoire du monde, des hommes de
génie ayant des mérites énormes vis à vis de leur pays
et vis à vis de l'humanité; mais ils commettaient ainsi
des fautes et des erreurs en encourant le blâme de l'histoire et de leurs contemporains. C'était une catastrophe
pour la nation dont ils étaient les chefs et pour eux
mêmes si ces nations ne trouvaient pas en elles assez de
force morale pour résister à ces fautes et à ces erreurs.
Si cette force morale s'était fait jour au moment opportun, des catastrophes et des terribles souffrances eussent
pu être épargnées aux nations. Et c'est pourquoi je dis:
honneur au mérite. Ce mérite entrera dans l'histoire,
comme l'a dit M. Krzyzanowski au cours de la discussion.
Mais nous, contemporains de M. Czechowicz, nous demandons des comptes, car l'argent que le peuple dépose
dans la caisse de l'Etat n'appartient pas à l'histoire mais
à la génération présente qui ne se laissera pas dépouil-
ler du droit de contrôle des deniers publics.

L'opinion se répand que la Diète est uniquement pré-
occupée de faire prévaloir le droit strict et formel, que
toutes les dépenses étaient légitimes et qu'il ne s'agit que
d'un vice de forme. C'est une erreur manifeste. L'accusation impute au Ministre non seulement de n'avoir pas
présenté le projet de loi; elle vise les dépenses même
effectuées en dehors de la loi.

La vie connaît des nécessités inéluctables. Lorsqu'un
fléau élémentaire ou un autre malheur s'abat sur le pays,
les lois divines et humaines, commandent au gouvernement de puiser dans le Trésor de l'Etat pour venir en
aide aux populations les plus éprouvées. Mais il a aussi

le devoir d'en informer immédiatement la Diète et de
lui soumettre les dépenses engagées en dehors de la loi.
Cependant, dans le relevé, qui nous a été fourni par la
Chambre Suprême du Contrôle figurent des dépenses
qu'aucun Parlement du monde ne pourrait accepter et
que cette assemblée se gardera bien d'approuver aussi
longtemps qu'elle se respectera elle-même.

A cet égard la question qui se pose en premier lieu
est celle des huit millions de zloty mis à la disposition
de M. le Président du Conseil. M. Czechowicz a dépensé
cet argent sans autorisation législative et même sans
décision du Conseil des Ministres. Notamment, en décembre 1927, il a dépensé plus de 1.600.000 zloty, en janvier plus de 2.408.000 zloty, en février 4.200.000 zloty.
Cette dépense n'a été approuvée que plus tard, le 10
février 1928, par le Conseil des Ministres et la source
où elle a été puisée a été appelée „fonds secret".

Messieurs, le gouvernement est-il en droit de prendre
l'argent dans les caisses de l'Etat sans être nullement
autorisé à cet effet et dire: „Voici un fonds secret dont il
ne sera rendu de comptes à personne et personne n'a le
droit d'en demander". On m'objectera qu'il s'agit d'une
partie politique et que, par conséquent, nous poursuivons
aussi des buts politiques. Mais qu'importe si cette affaire
est politique ou non: il s'agit de 8 millions d'espèces son-
nantes, gagnés à la sueur de leur front par les contribuables, qui les déposent dans les caisses de l'Etat; or personne n'a le droit de mettre la main sur une partie des
recettes publiques en disant: c'est à moi et je n'ai à en
rendre compte à personne. Il n'est pas permis de soustraire au contrôle l'argent des contribuables; on ne peut
le faire que si la nation y consent, cette nation au nom
de laquelle le Président exerce le pouvoir suprême de
contrôle. Mais le gouvernement n'a pas le droit de le
faire sous sa propre responsabilité, car s'il prend aujourd'hui 8 millions de zloty, il pourra dire demain: „Je

prends 100 millions, j'appelle cette somme „fonds secret"
et personne n'a le droit de contrôler l'usage que j'en
fais". Il ne peut pas en être ainsi dans un pays où règne
la légalité. Cette manière de dépenser l'argent nous
compromet au dehors beaucoup plus que la motion demandant la mise en accusation du ministre des Finances.

Vous prétendez, Messieurs—je l'ai entendu dire à la
Commission — que nous engageons la lutte avec le Maréchal Pilsudski. Je suis rapporteur de cette affaire donc,
ne pouvant dépasser les limites du sujet traité, je regrette
d'être dans l'impossibilité de suivre mes contradicteurs
sur ce terrain. Mais je me demande s'il est raisonnable
de mettre en avant le nom du maréchal Pilsudski et de
s'en servir comme d'un bouclier dans une affaire impli-
quant une violation du droit. La Commission Budgétaire
n'a pas lié cette affaire avec le nom du Maréchal Pilsudski, ne faites donc pas intervenir ce nom dans la discussion. Il ne s'agit pas de savoir si, oui ou non, le ministre
des Affaires Militaires inspire confiance. Mais il s'agit
de savoir si le ministre des Finances a le droit de dépenser des millions péniblement gagnés par la population sans
aucun contrôle ou en dehors du contrôle prescrit par la
loi; il s'agit de savoir s'il a le droit de payer 8 millions
de zlotys et se soustraire à tout contrôle sans le consentement du Parlement. Ce n'est donc pas la confiance personnelle qui est en jeu. Dans les relations personnelles
on peut avoir une confiance absolue dans tel on autre
Miistre, mais, à nous autres députés, lorsqu'il s'agit de
l'argent des contribuables, il n'est pas permis de croire
sur parole. La loi nous impose d'étudier chaque dépense,
de s'assurer si elle est opportune, si elle est conforme
à la loi, si elle a été faite dans l'intérêt de l'Etat et non
des groupes particuliers. C'est pour ces motifs que nous
avons engagé la lutte et nous ne l'abandonnerons pas en
dépit de toutes les injures. Des menaces et des injures
ont été proférées à mon adresse, mais je ne reculerai pas

devant l'accomplissement de ma tâche et de mon devoir.
Nous ne reculerons pas dans la voie où nous nous sommes
engagés, car il nous est interdit de le faire. Si j'accuse
M. Czechowicz c'est parce qu'il n'a pas été fidèle aux
prescriptions de la loi et qu'il n'a pas trouvé en lui assez
de force, malgré les pleins pouvoirs très étendus qui lui
ont été reconnus par la loi. Loin de nous toute préoccu-
pation de vengeance personnelle; nous le faisons uniquement dans l'intérêt de l'Etat et pour le bien de la communauté.

Messieurs, la lutte que nous soutenons a déjà porté
ses fruits. Un des journaux officieux a publié une circulaire adressée aux Ministres par le successeur de M. Czechowicz. Dans cette circulaire qui marque une victoire
morale de la Diète on peut lire entre autres:

„L'équilibre budgétaire, obtenu grâce aux efforts du
gouvernement, et qui est aujourd'hui la base principale
du bien-être de l'Etat, n'exempte aucun organe national
du devoir de se conformer strictement aux dispositions
de la loi de Finances et aux chiffres des dépenses fixées
par le budget et d'observer une sévère économie dans les
dispositions comportant des engagements pour le trésor
public. Si ces principes essentiels d'une gestion financière ordonnée n'étaient pas respectés, le gouvernement
se trouverait exposé au reproche, d'ailleurs tout à fait justifié, de gérer illégalement les finances et de gaspiller
les deniers publics, et les résultats de l'équilibre budgétaire, même si cet équilibre était maintenu, seraient anni-
hilés par cette opinion défavorable au plus grand dom-
mage de l'Etat. Pleinement conscients des intérêts du
Trésor Public, nous devons empêcher cet état de choses
et nous prions Messieurs les Ministres d'observer, dans le
budget actuel comme pendant le prochain exercice, les
principes suivants." Il ne faut pas oublier que cette circulaire, signée par le successeur de M. Czechowicz au
Ministère des Finances ainsi que par M. Bartel, porte la

date du 9 mars, alors que la Commission Budgétaire a commencé ses travaux comme commission d'enquête le 2 mars. Nous lisons plus loin: „Les crédits fixés au budget ne peuvent en aucun cas être dépassés. Par conséquent le Ministère ds Finances rejettera sans examen toute demande de crédits supplémentaires ou de virement contraire à la loi de Finances, exception faite pour les dépenses indispensables, notamment en vue de secourir la population éprouvée par les fléaux élementaires, lorsque cette nécessité sera expressément constatée par une résolution du Conseil des Ministres. Le ministère des Finances n'approuvera aucun fait accompli, dans le passé ni à l'avenir, contraire au principe énoncé à l'alinéa 1. Pour les engagements contractés, contrairement au principe énoncé plus haut, seront rendus personnellement responsables les fonctionnaires respectifs."

Et l'on peut lire à la fin de la circulaire:

„Messieurs les Ministres porteront les prescriptions ci-dessus à la connaissance de tous les organes qui leur sont subordonnés avec l'instruction de les observer de la façon la plus stricte et avec mention que toute infraction exposera aux poursuites disciplinaires les fonctionnaires coupables qui pourront, éventuellement, répondre par leur fortune personnelle."

Dans chaque passage de cette circulaire retentit l'écho de notre accusation, de notre indignation et de notre souci de légalité dans la gestion budgétaire. Cette circulaire survivra à la Diète actuelle et à beaucoup d'autres Diètes et restera mémorable dans l'histoire de l'Etat polonais. Elle contient, à l'adresse de MM. les Ministres, des commandements et des interdictions d'aspect redoutable et si les Ministres ont trouvé l'énergie nécessaire pour nous défendre contre les faits accomplis. C'est parce que nous leur avons rappelé qu'il existe en Pologne un Tribunal d'Etat.

Je puis vous assurer, Messieurs, en me réclamant de

cette circulaire, que nous n'avons pas à redouter le verdict de l'histoire. Assemblée, abaissée par ceux qui détiennent aujourd'hui le pouvoir ne crains pas le jugement
de l'histoire.

Dans cette affaire, du commencement jusqu'à la fin,
nous avons été conséquents envers nous mêmes. Nous créons un droit budgétaire inébranlable, nous veillons sur
le droit de toute la nation de contrôler l'emploi de l'argent des contribuables. Et c'est pourquoi je tiens à assurer encore une fois que nous irons jusqu'au bout dans
cette affaire, quelles que puissent être nos dispositions
personnelles à l'égard de M. le Ministre Czechowicz. La
Diète doit faire preuve d'intransigeance dans cette affaire, car on a été intransigeant et implacable à son égard.
La Diète qui n'a pas encore achevé la première année
de ses travaux qui, ayant une majorité d'opposition, a voté les douzièmes provisoires budgétaires et deux budgets
successifs en s'inclinant devant les nécessités d'Etat —
cette Diète dis-je, est, à tout propos, ridiculisée, bafouée
dans son honneur et dans sa dignité. Face à la Diète se
trouve le pouvoir exécutif qui lui fait front, le gouvernement avec sa légende, les baionnettes et les mitrailleuses,
la presse puissante, par les moyens techniques dont elle
dispose, mais non par sa force morale. La Diète voit
s'accumuler sur son chemin des difficultés et des forces
adverses formidables. Mais elle doit persevérer et remplir
sa tâche jusqu'au bout. La Diète a été dépouillée de tout
sauf de son droit moral et légal, du droit de contrôle sur
les deniers publics. De ce droit nous ne nous dessaisirons
pas et nous lutterons jusqu'au bout. Nous avons prié et
menacé mais en vain; il est temps d'agir: l'affaire doit être
déférée devant le Tribunal d'Etat.

Je ne préjuge pas le verdict du Tribunal. Nous soumettons le cas à douze hommes indépendants. Qu'ils
disent au pays tout entier, guidés uniquement par le serment donné et par leur conscience, qui respecte le droit
et qui l'enfreint et le foule aux pieds.

177

DISCOURS DE M. KRZYŻANOWSKI.

Messieurs!

Etant donné l'heure tardive, je suis certain que nombreux d'entre vous ressentent déjà quelque lassitude. Néanmoins, me rendant à l'invitation de Monsieur le Maréchal, je prends la parole, ceci, non sans confusion, étant donné que j'aurai à parler immédiatement après la remarquable communication faite par mon collègue de l'Université.

Je pense, Messieurs que vous m'accorderez que la scène que nous vivons, dont nous sommes tous en même temps témoins et auteurs est d'une haute tension dramatique. Pour plus ample explication qu'il me soit permis de rappeler les anciens ministres des Finances dont a parlé le député Liebermann, rapporteur. Son discours a été éloquent, mais peut-être, sur ce point unique, son argumentation a-t-elle été un peu en défaut. Le fait de rappeler les anciens ministres des Finances n'est nullement un appui à l'acte d'accusation. Etrange la destinée faite au ministre des Finances actuel, si on la compare à celle des ministres des Finances précédents. La poitrine de M. Ladislas Grabski s'orne, jusqu'à ce jour, du Grand Cordon de l'ordre de l'Aigle blanc et personne cependant n'a porté accusation contre M. Grabski. Loin de moi l'idée de ne pas reconnaître ses qualités de travailleur et d'homme de bonne volonté qui a mérité cette distinction, de même que loin de moi la pensée de suggérer l'idée de convoquer M. Grabski devant le Tribunal d'Etat, ce qui serait d'actualité cependant étant donné que, en vertu de la loi sur le Tribunal d'Etat, il n'y a pas encore prescription. Cependant, Messieurs, si l'on veut se rappeler que c'est justement au cours de la gestion des deniers publics par M. Ladislas Grabski que le zloty a subi un recul, que le Trésor a fait banqueroute, que d'importan-

tes sommes d'épargne portées de bonne foi aux caisses
d'épargne, ont été dépréciées, si nous rappelons tout cela
et l'opposons à l'activité du ministre Czechowicz qui,
justement, lui, est mis en état d'accusation, il est difficile de ne pas se dire que la destinée a d'étranges capri-
ces et ne pas y voir un certain élément dramatique. Il
y a un élément dramatique en ce que M. Czechowicz
a recueilli d'éclatants succès qui se terminent par une
tentative de le précipiter de la roche Tarpéienne et justement cette tentative est entreprise au moment où il
laisse à son successeur un trésor plus riche qu'il ne l'a
jamais été.

Le procès qui se déroule ici est non seulement hautement dramatique. C'est aussi un procès peu commun,
inconnu aussi bien dans l'histoire de la Pologne que d'autres Etats. Je ne me rappelle pas de cas qu'un ministre
eut été traduit devant un Tribunal d'Etat pour avoir en-
richi le Trésor de l'Etat. Nous savons que, parfois, ont
été traduits, devant le Tribunal d'Etat, ceux qui avaient
ruiné le Trésor, mais je ne me rappelle pas de cas contraire, qui est celui dont nous nous occupons aujourd'hui.

Il est extraordinaire également qu'on convoque devant le Tribunal d'Etat non l'acteur auquel a été confié
le premier rôle. Généralement on convoque devant le
Tribunal d'Etat les principaux coupables, mais, aujour-
d'hui, la Diète s'en tient à d'autres pratiques.

Messieurs, l'affaire que nous avons à examiner aujour-
d'hui est d'une énorme importance, et c'est pourquoi je
me permets de vous retenir ici une fois de plus bien
que j'eusse déjà l'honneur de parler devant la Chambre
de cette matière. Je me propose d'examiner le problème
uniquement du point de vue des intérêts vitaux de l'Etat.
Je n'ai nullement l'intention de défendre ici soit le gouvernement soit M. Czechowicz. Le gouvernement et M.
Czechowicz, s'ils le veulent, peuvent prendre ici même la
parole et se défendre mieux que je ne saurais le faire.

De même il n'est pas dans mes intentions de critiquer ceux qui proposent la motion, qui est celle de la majorité de la commission, mais je tiens uniquement à fournir les raisons pour lesquelles mes amis politiques et moi nous voterons pour la motion des minorités.

Je veux, devant l'opinion publique des pays étrangers, qui, d'un regard attentif et jaloux suit tout ce qui se passe chez nous, je veux, devant cette opinion publique du pays et de l'étranger, rendre compte des raisons de notre attitude, et c'est pourquoi je parlerai exclusivement de la raison d'Etat, de l'intérêt de notre pays en tant que puissance, étant persuadé que seule cette question est à l'ordre du jour.

Toutefois, avant d'aborder cette question, qu'il me soit permis, du haut de cette tribune d'où parfois la parole retentit sur tout le pays, qu'il me soit permis de constater que ce n'est pas le reproche de délapidation ni de gaspillage d'un demi milliard de zloty qui fait l'objet de l'accusation. J'ai pris connaissance avec satisfaction de ce que M. le rapporteur a révoqué son accusation en vertu de l'art. 636 du code pénal, en reportant, avec justesse, l'affaire uniquement sur le terrain politique, ce qui exclut le droit pénal.

Messieurs, à la suite de cette accusation, l'opinion publique se montre inquiétée à l'égard de la situation financière et économique du pays. C'est le cas, exprimé ici éloquement à la commission par M. le maréchal Rataj, et c'est à ses paroles que je me rapporte. Il a déclaré, notamment, qu'en excluant toute mauvaise intention, ce que je veux bien croire, des bruits sont répandus dans le pays touchant le gaspillage de ces 560 millions, ce qui contribue à nous faire perdre la confiance à l'égard de la solidité de notre situation. On sait également que des bruits ont courus, bruits fort dangereux, comme quoi il serait plus sûr de faire des placements dans les banques étrangères. C'est pourquoi je tiens à affirmer, aussi catégoriquement que je puis le faire, qu'il s'agit ici d'une affaire politique, que la situation de notre monnaie et de nos finances n'a jamais été aussi prospère et que c'est grâce à cela que nous pouvons envisager tranquillement les difficultés économiques qui, jusqu'à un certain point, ont surgi à l'heure actuelle. Bien que le ministre des Finances soit mis en accusation et traduit devant le Tribunal d'Etat, il n'y a aucune raison de s'inquiéter ni pour nos finances ni pour notre monnaie, ceci grâce, justement, en majeure partie, à l'activité du même ministre du Trésor que la majorité de la Commission veut mettre en état d'accusation.

Messieurs, j'ai dit que la question du gaspillage des deniers publics n'était pas à l'ordre du jour, de même n'est à l'ordre du jour aucun reproche d'ordre pénal (ce reproche a été révoqué par le rapporteur), de même il ne saurait être question d'un reproche d'ordre civil, ni de responsabilité, ni civile, ni pénale. Notamment, je tiens à constater que, conformément à la loi, le Tribunal d'Etat n'est pas compétent en matière des dédommagements civils. Ainsi donc, si vous, Messieurs, vous avez mis en question ces huit millions qui sont tout particulièrement cités dans l'acte d'accusation projeté, le Tribunal d'Etat ne peut condamner l'inculpé à la restitution de cette somme, n'étant pas un tribunal civil. Il pourrait être un tribunal pénal, mais, par votre motion, Messieurs, cette éventualité est exclue. C'est pourquoi il y a lieu de se demander quel est en définitive ce tribunal. Je déclare que c'est un tribunal par excellence politique, et c'est ce que je voudrais motiver plus en détail.

Messieurs, notre Constitution connait la responsabilité parlementaire et constitutionnelle. Or, dans mon entendement, ces deux responsabilités sont d'ordre politique et, de plus, la responsabilité constitutionnelle est une responsabilité politique d'ordre supérieur. Le meilleur

témoignage en est donné avant tout par le cours des
evénements dont nous avons à nous occuper aujourd'hui.
La responsabilité parlementaire, comme nous savons tous,
c'est un vote de méfiance qui occasionne le retrait du
ministre. Or, la motion que vous avez émise, Messieurs,
en tant que conséquence justement de la responsabilité
parlementaire, a eu pour effet le retrait de M. Czechowicz qui a considéré, avec justesse, me semble-t-il, qu'en
tant qu'inculpé éventuel il ne saurait représenter, avec
l'autorité voulue, les intérêts du Trésor à l'égard de la
Diète, à l'égard des intéressés nationaux et étrangers et,
peut être même, à l'égard de ses propres fonctionnaires.
Et c'est pourquoi M. Czechowicz s'est retiré, ce qui revient à dire que cette responsabilité constitutionnelle,
s'est révélée également être une responsabilité parlementaire et celle-ci certainement sera qualifiée par tous
de responsabilité politique. Il en ressort donc clairement,
à mon avis, que la responsabilité constitutionnelle n'est
rien d'autre qu'une responsabilité politique d'ordre supérieur. Mais on en trouve d'autres preuves également dans
nombreux règlements de loi et autres circonstances..
Ainsi il en ressort que le ministre Czechowicz, qui est en
même temps député, ne peut, pour ce qui est du Tribunal d'Etat, arguer de son immunité parlementaire. L'immunité parlementaire, aux termes de la Constitution, se
rapporte à la responsabilité pénale administrative et di-
sciplinaire, mais non à la responsabilité politique. Etant
donné que ce tribunal est un tribunal d'Etat, un tribunal
politique, il n'y a donc aucune nécessité de livrer éventuellement le député au tribunal d'Etat.

J'ai eu l'occasion de dire que ce tribunal n'était pas
compétent en matière des dommages civils. Ce tribunal
peut se prononcer sur le délit sans se prononcer sur la
peine, ce que la loi pénale ne prévoit guère. Dans la loi
pénale toute constatation d'un délit est liée à la déter-
mination de la peine. Le Tribunal d'Etat peut déclarer

que le ministre des Finances est en faute et il peut déclarer en même temps qu'il n'inflige aucune peine et
qu'aucune peine ne doit être infligée. Le Tribunal d'Etat
peut infliger une peine ou peut se dérober à le faire.
A l'évidence, c'est là la constatation qu'il s'agit, en l'occurence, d'un cours d'événements d'ordre essentiellement
politique. En cas de procès, le procureur est obligé de
poursuivre tous les inculpés. Il serait difficile de supposer qu'un procureur, qui aurait constaté qu'il y a tant
et tant de personnes passibles de délits, ne porte accusation que contre une de ces personnes, à l'exclusion de
toutes les autres.

La loi sur le tribunal d'Etat prévoit justement un
cours des événements contraire et notamment que, dans
le nombre des inculpés, un seul peut être traduit devant
le tribunal et c'est sur ce que se fonde l'acte d'accusation. Il est dit expressément qu'un ministre répond pour
d'autres ministres, et c'est sur cette base justement que
le ministre des Finances est traduit devant le Tribunal
d'Etat. Et c'est là une constatation de plus que la question est essentiellement politique.

Messieurs, que ce tribunal dont il est question est
un Tribunal par excellence politique, c'est ce que prouve
son appelation même. C'est là un Tribunal d'Etat, ce qui
nous amène à définir ce que nous comprenons par le
terme de Tribunal politique. C'est là le Tribunal d'Etat
appelé à se prononcer, conformément à la raison d'Etat,
c'est à dire que c'est là une corporation qui me rappelle
le chapitre de l'ancien ordre autrichien de Marie Thé-
rèse, conféré à ceux qui, même à l'encontre des ordres
du chef, avait accompli un acte qui avait assuré le salut
de l'armée en lutte contre l'ennemi. Je ne veux guère affirmer que la raison d'Etat, que la tendance à s'en rapporter à la raison d'Etat, au principe du droit romain,
Salus, Republicae, suprema lex esto, car c'est là la défi-

nition dernière de la raison d'Etat, je ne veux pas dire
que la tendance de s'en rapporter à ce principe qui était
inscrit dans l'ancienne salle de la Diète et qui figure
dans cette salle même, qui est actuellement la salle de
Sénat, je ne veux guère affirmer que la tendance de s'en
rapporter à ce principe limite la possibilité du verdict,
mais cela signifie que, dans les cas qui présentent quelques doutes, et malheureusement le droit laisse s'infil-
trer bien des doutes, le Tribunal politique doit se guider
par l'intérêt d'Etat bien compris.

Messieurs, loin de moi la pensée de préjuger l'attitude qu'adoptera le Tribunal d'Etat, de même qu'il
n'est pas dans mes intentions de donner des conseils au
Tribunal d'Etat, mais, puisque la Chambre se propose de
convoquer devant le Tribunal d'Etat, il serait peut être
bon de rappeler ce qu'est ce tribunal, car c'est seulement
de cette manière que nous pourrons déterminer notre attitude à l'égard de l'accusation formulée par les représentants de la majorité. C'est donc parce qu'il s'agit
d'une accusation portée devant un Tribunal politique, devant un Tribunal qui, en majeure partie, prononce ses
verdicts conformément à la raison d'Etat, que ceci préjuge de la question quelle attitude est à adopter à l'égard
de la motion du député Liebermann. Or, notre attitude
à l'égard de la motion du député Liebermann doit être
avant tout déterminée du seul point de vue de l'utilité
publique. Nous devons nous poser la question de savoir
si la motion proposée est utile ou nuisible. Ceci est d'autant plus indiqué que, du point de vue juridique, le cas
nous semble un peu douteux, pour les raisons que, plus
éloquemment que moi, a fournies le président Wroblewski.
Je considère ce cas comme douteux, du point de vue
juridique, du fait que la loi ne prévoit pas de délai du
dépôt des crédits additionnels, et j'ai encore une autre
raison de considérer cet acte comme douteux, émise déjà
par mon éminent collègue de l'Université, et c'est que,

jusqu'à aujourd'hui, aucune résolution n'a été prise en ce qui touche la législation des transgressions.

Ces transgressions, dont il a été beaucoup question, sont cependant des transgressions également d'ordre politique. Ce ne sont des transgressions ni pénales, ni civiles, ce qui est prouvé le mieux par le fait que toutes peuvent être légalisées. Dès qu'il y a des raisons de réclamer des dommages civils, il ne saurait être question de légalisation; cependant les transgressions, dont a parlé le rapporteur M. Liebermann, sont, en réalité, toutes illégales, comme l'a dit justement le président de la Chambre Suprême de Contrôle, mais toutes peuvent être légalisées par la Diète. Or, sous ce rapport, nous n'avons pas de décisions jusqu'à ce temps. C'est pourquoi donc je considère cette question comme douteuse du point de vue juridique, et c'est pourquoi aussi je tiens, avec autant plus d'insistance, à l'examen de ce problème du point de vue de son utilité, du point de vue de l'intérêt de l'Etat, de la raison d'Etat, du point de vue, enfin, de la situation de la Pologne en tant que puissance. Et en ceci j'en arrive à la conclusion, conforme à ma pensée et ma conscience, que la motion qu'ici, sans doute, vous considérez, Messieurs, comme utile, est essentiellement nuisible. Elle est nuisible pour plusieurs raisons, dont je citerai quelques unes. Je considère cette motion comme nuisible par ce que, Messieurs, — c'est peut être là un argument que vous considérez comme secondaire, mais qui n'est pas dénué d'importance je ne crois pas qu'il soit bon de priver la nation de la confiance en ses forces et faire naître l'opinion comme quoi nous ne sommes pas en état de trouver parmi nous un ministre des finances à la hauteur. Pour ce qui est des ministres précédents, l'opinion est faite: ils n'avaient pas de chance. En ce qui concerne le ministre des Finances actuel on dira sans doute: il a eu des succès financiers, ce qui n'empêche pas qu'il a été traduit devant le Tribunal d'Etat, il

faut croire que, lui aussi, n'a pas su se tirer d'affaires.
Et, en résultat, on en arrive à la conclusion que personne n'a bien accompli sa tâche. Du point de vue de cette
psychologie sociale, je considère cette motion comme nuisible. J'y vois un attentat à la confiance dans les propres
forces de la nation. De plus, on pourrait se demander,
et cette question s'imposera à chacun, si la situation
à laquelle est placé M. Czechowicz peut contribuer
à faciliter la tâche de trouver un nouveau titulaire
du portefeuille des Finances.

Messieurs, je tiens particulièrement à relever le préjudice économique de la motion examinée. Vous êtes
d'avis, Messieurs, que l'opinion du pays aussi bien que
l'opinion étrangère accueillera avec satisfaction le fait
que la Diète témoigne d'un si grand souci de la gestion
des deniers publics. Je regrette que les Parlements précédents eussent témoigné d'un souci moindre à l'égard
de la gestion des finances du pays. Vous avez exprimé
l'opinion Messieurs, que les transgressions de cette sorte
produisaient une mauvaise impression. Je ne partage pas
cet avis. Avant tout, ces transgressions étaient rendues
publiques. Nous n'en avons pas pris connaissance, comme on l'a affirmé ici, du compte rendu de la Chambre
Suprême du Contrôle ni des débats poursuivis en automne dernier. J'ai parlé de ces transgressions l'année dernière, de cette tribune même, et ceci a été publié dans
tous les journaux. L'opinion, aussi bien du pays qu'étrangère, en était avertie et cette opinion savait également
que, s'il y avait eu transgressions des dépenses, il y avait
également excédent des revenus, pour une somme bien
supérieure. L'opinion savait également que, pour l'année
dont nous nous occupons, les réserves des caisses du
Trésor avaient augmenté de plus de 200 millions, cependant que la même opinion était avertie de ce que, au
cours des années dernières, la monnaie polonaise avait
fléchi et que la gestion des finances était assurée par les

réserves dont on vidait sans cesse les caisses de l'Etat.
C'est pourquoi donc l'opinion publique du pays et de
l'étranger ne s'inquiétaient nullement de cet état de
cheses. Mais, il me semble, que cette opinion commence
à s'inquiéter de ce qui se passe ici, au Parlement. Ce
qui se passe ici ne suscite nullement la confiance en
la solidité de notre situation ni politique, ni financière.
Messieurs, nombreux de ceux qui ont signé la motion
mettant en accusation le ministre des Finances ont, en
même temps, signé la motion demandant au gouvernement d'entreprendre des mesures afin de réagir contre
les difficultés économiques pasagères. Ce sont, pour la
plupart des cas, les mêmes qui ont signé les deux motions. Messieurs, au second point de la motion de M.
Piotrowski, il est dit que la Chambre s'occupera au p'lu-
tôt d'une action tendant au relèvement du bien - être du
pays. Or, Messieurs, la Chambre peut le faire aujourd'hui
par le rejet de la motion de la majorité. En rejetant cette motion, Messieurs, vous pourrez certainement atteindre en majeure partie le but que vous vous proposez par
la seconde motion.

Messieurs, je considère comme nuisible la motion que
nous examinons ici, avant tout parce qu'elle porte atteinte à l'autorité du gouvernement sans rien donner en
échange. La lutte des partis pour l'obtention du pouvoir
est certainement nécessaire, je n'en doute pas. Je n'appartiens pas à ceux qui nient l'utilité des partis et l'utilité
de leurs luttes, mais je ne crois pas que cela soit toujours profitable à l'Etat. La lutte pour le pouvoir n'est
pas profitable à l'Etat, elle est même nuisible si elle est
uniquement négation et critique et si elle ne se fonde
pas sur la faculté de produire un acte profitable à l'Etat.
Et je ne vois pas, que vous Messieurs, qui affaiblissez
l'autorité de l'Etat, vous soyez en mesure d'édifier quelque chose de plus solide et de plus durable, et c'est pourquoi j'ai des doutes en ce qui touche la motion que vous

avez émise. Votre motion cite en son texte, en tant que
coupable, M. Czechowicz, ancien ministre des Finances.
Qu'il me soit permis de l'interprêter autrement. Pour
ma part, je lis, dans votre motion que vous traduisez,
Messieurs, devant le Tribunal d'Etat, l'idée politique du
revirement du mois de mai, et c'est dans cette idée que
je tiens à constater pour finir, que l'accusation portée et le cours qu'elle suivra ne changeront en rien le fait
que le revirement du mois de mai, entrepris au moment
de la chute du zloty et du démantèlement de la coali-
tion de la Diète, a été un acte salutaire pour l'Etat.

DISCOURS DE M. RYBARSKI.

Messieurs,

Il y a presque une année que nous avons présenté
à la Diète la motion demandant au gouvernement le dépôt des crédits additionnels pour l'année budgétaire
1927/28. Cette motion a subi des vicissitudes qui sont
bien connues ici même. Notre motion n'a pas été votée,
elle a été rejetée cependant qu'a surgi la question de
mettre l'ancien ministre des Finances en état d'accusation devant le tribunal d'Etat pour transgressions budgétaires.

Or, en tant qu'initiateur du projet de la motion et
un de ceux a qui en a referé tout particulièrement le député Downarowicz, je tiens à constater que la motion
du 5 décembre à laquelle nous nous opposions n'a nul
rapport avec la mise en état d'accusation de l'ancien
ministre des Finances. Le vote du 5 décembre avait une
portée politique, il était l'expression de la confiance de
la majorité de la Diète en ce que le gouvernement présenterait dans le plus bref délai ces crédits additionnels.
Cependant, l'accusation portée le 11 février a un caractère juridique. C'est là une accusation formelle, une
accusation imputant à l'ancien ministre des Finances

d'avoir enfreint à la Constitution de la République et à
quelques autres lois. Ceci ne saurait avoir aucun rapport
avec les résolutions prises. M. le député Downarowicz
s'en réfère à ses résolutions et déclare: dura lex sed lex.
Or, il existe une seule dura lex: la Constitution et la
loi des finances. Mais la résolution de la Diète exprimant la confiance en ce que le gouvernement présenterait les crédits additionnels, ce n'est pas là une loi,
c'est pourquoi il serait tout à fait inexact de dire, qu'immédiatement, toute liberté d'agir fut laissée au gouvernement.

Je tiens ensuite à constater que la question des
crédits additionnels a été plus d'une fois suggérée à la
Diète, également par l'ancien président de la Chambre
du Contrôle, feu M. Zarnowski et que son opinion a été
pour nous décisive au moment de la présentation de
notre motion. Alors, il y a eu un retard de plusieurs
mois dans la présentation des crédits additionnels pour
l'année 1925. Alors, l'ancien président Żarnowski avait
déclaré à la Commission du budget que toutes transgressions ultérieures du budget rendaient superflus aussi
bien son vote que tout contrôle. Et c'est là l'opinion de
l'ancien président de la Chambre Suprême du Contrôle
qui a constaté catégoriquement qu'aucune transgression
du budget ne devrait exister et que la légalisation ex
post ne saurait être admise que dans des cas exceptionnels. On ne saurait donc traiter la question en estimant
que les crédits sont inégaux, mais que la date de la légalisation est sans importance. Nous devons nous en tenir à la loi de finances dont on a parlé peu aujourd'hui,
bien qu'il eut été question de bien des choses et même
du revirement du mois de mai. Or, il y est dit expressément que l'ouverture des crédits non compris dans
le budget peut être opérée uniquement sur la proposition du ministre des Finances, votée par voie législative, à condition que seront trouvées simultanément des

sources de revenus pouvant couvrir ces dépenses. Les
ministres sont personnellement responsables pour l'observance stricte de ce reglement. L'amendement „de la
stricte observance de ce règlement" a été introduit à la
loi des finances sur la proposition de M. Byrka, actuel
président de la Commission du Budget et, avant cette
date, dans la loi précédente, cet amendement a été introduit sur la proposition de M. Michalski. L'article 6
du projet de gouvernement avait une autre teneur et
stipulait que l'ouverture de nouveaux crédits pouvait
avoir lieu uniquement sur proposition „approuvée" par
voie législative. La Commission a changé ceci et a déclaré qu'elle: peut avoir lieu uniquement sur proposition votée par loi législative. Autrement dit, la seule
voie légale est le vote antérieur des crédits additionnels, cependant que les transgressions légalisées ex post
ne peuvent être qu'une exception.

Monsieur le Président de la Chambre Suprême du
Contrôle agissait ici, je suppose, uniquement en qualité d'expert et non en qualité de Président de la Chambre du Contrôle, exprimant l'opinion de celle-ci, car, à
la Commission, donc d'une manière officielle, il nous
a communiqué uniquement ceci, c'est que le collège de
la Chambre du Contrôle a reconnu ces transgressions
comme illégales. Or, Monsieur le président de la Chambre Suprême du Contrôle vient de faire le reproche que
la formule de l'accusation a un caractère par trop général, purement extérieur surtout en tant qu'il s'agit des
premiers points de cette accusation. Mais il me faut
constater une chose. Tout d'abord, la Commission du
budget, agissant en tant que Commission d'enquête n'a
pas eu la possibilité d'examiner l'état de fait de l'affaire des crédits additionnels, car ni le ministre des
Finances, ni Monsieur le président du Conseil n'ont
donné copie des résolutions du Conseil des ministres.
C'est là un fait, et si l'accusation semble avoir un ca-

ractère général, quelle en est la raison? C'est que les
matérieux nécessaires n'ont pas été fournis à la Commission d'enquête et, dans ces conditions, comment la
dite Commission aurait pu préciser l'affaire dans les
détails? La Chambre Suprême du Contrôle a fourni
à la Commission budgétaire une documentation des plus
précieuses qui ne permettait de s'orienter que d'une manière générale. Ainsi, lorsqu'on lit, par exemple, et ce
n'est point la faute de la Chambre du Contrôle, mais de
la mauvaise gestion, notamment qu'il a été effectué un
virement, pour la somme de plusieurs millions, de cinq
ministères en un seul, sans préciser les chapitres au
compte desquels ont été opérés ces virements, comment
donc pourrions-nous juger de l'état de fait de ces transgressions, de cette atteinte à l'article 7 de la loi des
finances? C'est là chose très difficile. Nous manquons
de documentation complète aussi ne prononçons nous
pas de verdict, nous ne faisons que formuler une accusation. La loi sur le tribunal d'Etat prévoit une enquête
et ces choses feront partie de l'enquête.

En vérité, puisque nous avons affaire à des transgressions du budget pour une si grande somme — et
en réalité cette somme est supérieure aux 562 millions
de zloty dont il est sans cesse question, car il faut y
ajouter l'utilisation des fonds de roulement du ministère des Finances pour l'achat des réserves de blé également mis en question par la Chambre Suprême du
Contrôle en tant que contraire à la loi—puisque nous
avons à faire avec des transgressions si importantes,
nous ne pouvons donner dans tous ces détails. Nous
avons eu l'occasion d'examiner ces transgressions, et
je prends la liberté d'affirmer que celles qui ont le caractère de dépenses urgentes sont en minorité: la majorité porte le caractère des dépenses qui peuvent être
mises en questions et que, dans la plupart des cas nous
aurons mises en question. Ce qui fait que l'utilisation de

ces fonds, sans le consentement de la Diète, est une violation de la loi bien que quelqu'un, post factum, pourrait juger utiles ces dépenses.

Comment ces transgressions au budget ont été utilisées. Voici quelques exemples. La Diète n'a pas voté, dans la loi des finances, des fonds pour une automobile de tel ou autre haut personnage, cependant le gouvernement déclare: le cas s'est présenté d'un besoin inattendu et urgent d'une automobile et on alloue les fonds nécessaires. Nous avons des expéditions dans le monde entier, où l'on veut, au Pérou et ailleurs sur ces fonds dépensés sans budget. Nous avons des choses d'un autre genre, comme par exemple l'achat d'une fabrique privée à Varsovie, ayant coûté 2 millions de zlotys, présenté comme dépense urgente et imprévue. D'une manière urgente et imprévue on achète des terrains, on achète tout. Ces dépenses urgentes et imprévues prennent une amplitude extraordinaire pendant la période électorale. Ceci non seulement sur le fonds secret du Ministre. On remarque partout, en Haute Silésie en particulier, une grande prodigalité du Trésor que, vraiment, on ne saurait expliquer que par une profonde sagesse politique. Nous avons des dons offerts par le Trésor pour des oeuvres auxquelles, d'une manière normale, le gouvernement ne s'intéresse guère très vivement. En défendant le gouvernement, Messieurs, vous dites: le gouvernement a constitué de très importantes réserves de caisse, il a plus amassé que dépensé. Mais nous avons des éclaircissements sur la manière dont cela a été opéré. Ainsi nous avons des crédits pour de nouveaux percepteurs d'impôt en plus de ce qui a été prévu au budget. Dans le dossier de la Chambre du Contrôle le motif du ministre des Finances est formulé comme suit: „Il est prévu au budget que 10% uniquement des impôts sera perçu par voie d'exécution, cependant en réalité il a apparu qu'environ 20% des impôts ont dû être perçus par ce moyen". Voilà l'explication du mystère de grandes réserves du Trésor. On a constitué un second budget, les impôts étaient perçus de telle façon que 20% ont été perçus illégalement par voie d'exécution.

Pour moi ces transgressions du budget de 600 millions de zlotys ne sont pas uniquement une question juridique, mais c'est là une orientation, sans le consentement de la Diète, du char de l'Etat sur une voie d'où, actuellement seulement, on aperçoit le précipice. Les causes de la crise économique actuelle doivent être recherchées dans ce grossissement illégal de l'économie de l'Etat. La source même de la crise est là: c'est la conviction que chaque fonctionnaire peut dépenser pour ce qu'il veut. Ainsi lorsque la Diète n'a pas voté de primes aux fonctionnaires, le gouvernement lui-même a alloué les fonds pour ces primes. Voilà la raison des difficultés actuelles. C'est pourquoi nous devons considérer une telle manière d'agir non seulement comme une transgression à la loi mais comme une activité nuisible pour l'avenir.

Actuellement, Messieurs, l'attention de la Chambre du Contrôle se porte sur l'allocation, post factum, de 8 millions de zloty pour le fonds secret. A quoi ce fonds a-t-il été employé nous l'apprenons aujourd'hui par l'organe, devenu actuellement l'organe du gouvernement, le „Słowo Polskie" qui, en attaquant la Diète pour avoir présenté cette affaire devant le tribunal de l'Etat, écrit: „on attaque le gouvernement pour avoir dépensé 8 millions de zloty pour les élections, ce qui est conforme aux intérêts de l'Etat". C'est ce qui a été publié il y a quelques jours et personne ne l'a nié.

Messieurs, si 100 mille zlotys seulement avaient été dépensés pour ce but, ce serait déjà une raison suffisante pour intenter le procès devant le Tribunal d'Etat.

Mais il convient de remarquer que les transgressions
des fonds secrets ne se bornent pas à cela. Par la résolution du Conseil des ministres, le fonds secret du ministre des Affaires étrangères a été dépassé de 3 millions
de zlotys, le fond de propagande de près d'un million de
zlotys. Et de telles dépenses qui ne sauraient être pré-
cisées sont en très grand nombre. C'est pourquoi notre
conscience ne me permet pas de consolider ces transgressions comme des transgressions purement formelles.
Ce sont là des transgressions qui portent profondément
atteinte à la situation matérielle du pays.

Pour ce qui est de savoir de quel point de vue il
convient de considérer ce problème, nous avons entendu ici même émettre l'argument que la chose doit têre
l'utilité publique. Je ne m'arrête pas à considérer si
le dpenses dont je viens de parler ont, oui ou non, le
caractère d'utilité publique, mais jamais je ne saurais
admettre que l'utilité publique puisse s'opposer à la
loi. C'est là une doctrine qui aboutit à la révolution,
à un revirement social. C'est une doctrine qui ébranle
le sentiment du droit. La plus grande utilité publique
est répresentée par le droit, la loi, et là où il y a transgression à la loi il doit y avoir responsabilité et châ-
timent.

C'est pourquoi nous ne saurions faire nôtres les ar-
guments par lesquels on voudrait faire dévoyer cette
affaire. L'affaire est très simple: il y a eu ou il n'y a pas
eu de transgression à la loi. C'est pourquoi nous sommes
d'avis que cette question doit être examinée par le Tribunal d'Etat, mais nous ne voulons pas préjuger quel
sera le point de vue auquel se placera le Tribunal, car
ceci ne nous appartient pas, ceci appartient au Tribunal d'Etat. Nous voulons croire que l'affaire, qui a un
caractère juridique, sera résolue sur le terrain juridique.

194

LETTRE DE M. CZECHOWICZ A LA COMMISSION BUDGETAIRE DE LA DIETE.

Vous m'accusez, Messieurs, d'avoir dépassé les crédits budgétaires pour l'année 1927 — 1928 sans avoir obtenu à cet effet l'assentiment préalable des corps législatifs. Je tiens à déclarer que j'aurais considéré l'accomplissement de ma mission comme beaucoup plus facile si l'obtention de la sanction préalable du Parlement m'était possible, ce qui eût diminué la pression exercée sur le Trésor par les autres départements. Il serait également dans l'intérêt de la vie économique que la collaboration entre le gouvernement et la Diète eut lieu dans des conditions normales.

On ne saurait toutefois fermer les yeux sur le fait que j'étais obligé de travailler dans des circonstances exceptionnelles et que, pendant l'exercice 1927 — 28, la Diète ne fonctionnait presque pas, qu'il ne dépendait pas de moi de créer une collaboration normale et que, en ma qualité du ministre, j'avais la voie fermée pour la collaboration avec la Diète. Pouvais-je, dans ces conditions, différer jusqu'à leur légalisation des dépenses urgentes telles que l'approvisionnement de l'armée, les traitements de fonctionnaires, les rentes d'invalidité, le service de la dette nationale? Et le refus d'accorder les crédits pour le développement de la Banque Agraire et pour la construction du port de Gdynia n'eût-il pas été très judiciable aux intérêts supérieurs du pays?

Mes prédécesseurs n'ont pas réussi non plus à éviter les transgressions budgétaires bien qu'ils eussent travaillé dans d'autres conditions et qu'ils eussent pu collaborer avec la Diète. Vous avez montré, Messieurs, plus d'indulgence à leur égard bien qu'alors les dépenses non prévues au budget venaient s'ajouter au déficit budgétaire. Cette sévérité à mon égard s'explique mal si l'on tient

195

compte que le budget de 1927 — 28 a été clôturé par un excédent de 214 millions; que, pendant toute la période où j'ai assumé la direction des finances de la Pologne, les économies budgétaires atteignirent 550 millions; que j'ai augmenté la fortune de l'Etat de 2 milliards sans majorer les taxes fiscales en vigueur.

Vous affirmez, Messieurs, et c'est votre argument principal, que le ministre des Finances aurait dû exiger que le gouvernement respectât les droits du Parlement dans le domaine budgétaire et qu'il aurait dû donner immédiatement sa démission dès qu'il s'est aperçût que ces droits étaient commentés d'une façon restrictive ne fût-ce que formellement. En d'autres mots, Messieurs, vous demandez au ministre des Finances de professer le principe „Fiat justicia pereat mundus" et de le placer au-dessus des intérêts les plus vitaux de la nation.

Même si je me fais placer à un point de vue purement formel, je me fus trouvé en contradiction avec les exigences de la vie, et je n'aurais pu atteindre le but qui m'était assigné à raison de mes fonctions.

Ce but — c'est la mise en ordre des finances de l'Etat. Loin de toute politique, mes efforts dans ce sens ne sont par restés sans résultat et j'en tire une grande satisfaction personnelle, satisfaction que toutes les souffrances ne peuvent détruire. C'est au Maréchal Piłsudski que je dois d'avoir atteint ce suprême but de ma vie. Et vous, Messieurs, à qui la conscience a interdit de marquer votre méfiance au Maréchal Piłsudski vous demandez, à moi, de le faire.

Vous avez affirmé et vous continuez à l'affirmer — que le fait de n'avoir pas présenté la loi de finances supplémentaire pour 1927 — 28 constitue la cause essentielle du procès qui vient d'être engagé. C'est là également l'avis de la presse d'opposition et c'est pourquoi je crois nécessaire de donner quelques éclaircissements à ce sujet.

Je ne comprends pas comment, sous menace de le
mettre en état d'accusation, on puisse exiger du Ministre
des Finances qu'il commette un acte déloyal à l'égard du
gouvernement et présente un projet de loi sur les crédits supplémentaires en son nom, en ne tenant pas compte
du Président du Conseil qui, comme vous le savez, a fait
dépendre le dépôt de ce projet de la clôture des
comptes.

Il serait compréhensible, par contre, qu'on exigeât
du Ministre qu'il avançât le terme du dépôt du projet où
qu'il démissionnât au cas où il ne pourrait le faire. Etant
démissionnaire actuellement je ne parlerai pas des courants d'opinion qui se sont manifestés à ce sujet au sein
du gouvernement. Cependant, lorsque, par sa résolution
du 5 décembre 1928 le gouvernement a pris connaissance
de la déclaration de M. Bartel à ce sujet, j'ai cru pouvoir
considérer comme exclue toute éventualité de conflit et
comme membre du gouvernement, je ne pouvais adopter,
dans cette question, une attitude plus nettement intransigeante que n'a été celle de la Diète, d'autant plus que
mon ambition était de faire aboutir l'opération de crédit
préparée depuis longtemps et que je considérais comme
très importante pour l'Etat.

Toutefois, j'ai hâté les travaux de la clôture des
comptes que j'ai pu déposer à la Chambre Suprême de
Contrôle.

Je ne puis qu'exprimer mes regrets de ce que,
oublieuse de cette résolution, la Diète, qui n'assignait
aucun terme au gouvernement, de l'opposition est passée
à une brusque attaque rendant impossible toute entente
dans cette question.

J'ai engagé cette argumentation à seule fin de prouver qu'une attitude purement rigoriste était contraire aux
attitudes jusqu'à ce temps pratiquées. Incontestablement
vous pouvez, Messieurs, en ne vous en tenant qu'à la let-

tre, m'accuser d'avoir dépassé le budget, sans tenir compte de ce que j'ai travaillé dans une atmosphère de tension politique de ce que la voie de collaboration à la Diète m'était fermée et que, sans agir au préjudice de l'Etat, je n'ai pu ne pas ouvrir des crédits en exécution des résolutions du Conseil des ministres.

Je prie uniquement de noter, au cas où l'opinion de la Commission me serait défavorable, que c'est pour la première fois dans l'histoire de la Diète polonaise qu'une attitude aussi intransigeante est adoptée à l'égard d'un ministre qui a eu le bonheur de mettre de l'ordre dans les finances polonaises, assurer l'équilibre budgétaire ainsi et stabiliser le change.

Le 13 mars a. c. la Diète a ratifié le protocole dit de Moscou signé le 9 février à Moscou par la Pologne et les Etats Baltiques et qui est en quelque sorte le complément du Pacte Kellogg.

Afin d'amener le gouvernement à s'expliquer sur les problèmes économiques et pour instituer à ce sujet une discussion d'un caractère plus détaillé les trois groupes de gauche ont déposé, le 15 mars, une motion urgente relative à la situation économique. Cette motion a amené M. Bartel à prononcer, dans une des séances plénières, un discours qui n'a pas duré moins de trois heures et où le Président du Conseil a fait une analyse détaillée, appuyée par des diagrammes, de toutes les branches de l'activité productive du pays ainsi que des résultats acquis par M. Bartel pendant les trois années où il a exercé le pouvoir comme Président et Vice-Président du Conseil.

Dans la séance du 20 mars, alors qu'il venait de recevoir la nouvelle sur la mort du Maréchal Foch, M. Daszyński, maréchal de la Diète, a prononcé l'allocution suivante:

Messieurs.

Je viens d'apprendre une nouvelle qui nous plongera tous dans une profonde affliction: Foch, Maréchal de France et de Pologne, est mort *(tous les députés se lèvent)*. Généralissime des armées alliées combattant contre les puissances centrales, il fut le créateur et l'or- a eu le plus grand mérite dans la destruction du militarisme des Empires centraux, de ce militarisme qui nous a infligé de si longues souffrances pendant l'occupation de notre pays. La victoire des alliés a permis la resurrection d'une Pologne indépendante et a libéré les forces nationales pour l'organisation de l'Etat.

Le Maréchal Foch, qui fut notre hôte il y a quelques années, fut salué par tous les Polonais avec enthousiasme, admiration et reconnaissance. Aujourd'hui, devant le cercueil du Grand Soldat, j'exprime au nom de la Diète et, j'en suis certain, de toute la nation polonaise le regret profond que lui fait éprouver la mort du Maréchal de France et de Pologne.

Messieurs, je vous invite, à vous associer à cette manifestation de deuil à l'occasion de la perte douloureuse dont la France vient d'être frappée. Il en sera fait mention dans le procès verbal de la séance d'aujourd'hui

Après avoir été discutée et votée par la Commission la motion demandant la mise en état d'accusation du ministre des Finances devant le Tribunal d'Etat a été renvoyée devant la Diète où elle a été finalement adoptée, le 20 mars a. c., après une discussion longue et très animée, par 239 voix contre 126.

Le 25 mars, dans sa dernière séance, la
Diète s'est prononcée sur les amendements apportés au budget par le Sénat et que la Commission budgétaire avait préalablement examinés et mis au point. Le budget a été voté. Les
recettes y figurent pour 2.787.787.731 zlotys et
les dépenses pour 2.765.906.131 zlotys ce qui
donne un excédent de recettes. Par les votes
successifs, dont plus d'un était nominal, la plupart des amendements du Sénat ont été écartés, de sorte que le budget, tel qu'il a été adopté, ne diffère pas sensiblement du projet gouvernemental déposé par le gouvernement en
automne de l'année écoulée et dont les chiffres
ont été enregistrés dans notre première chronique.

JOSEPH DWERNICKI

Le Groupe Parlementaire Polono-Francais.

Janvier 1926 — Juin 1929.

La liste déjà longue des organisations et sociétés travaillant en vue de rapprocher la Pologne et la France et de resserrer leur amitié mutuelle s'est enrichie, à la fin de l'année 1926, par une organisation groupant les membres de nos assemblées législatives dénommée „Groupe Parlementaire Polono - Français" et ayant son équivalent dans le groupe similaire au sein du Parlement français.

Le contact personnel établi entre les parlementaires des deux pays sur le terrain international de la S. d. N. ainsi que le voyage d'un groupe de parlementaires français qui a visité la Pologne en octobre 1925 en y passant une dizaine de jours et en montrant pour notre pays un vif intérêt—voici les deux faits qui ont déterminé l'initiative de créer un groupe parlementaire polono-français. Les députés français, émus par l'accueil cordial qui leur fut réservé

en Pologne et après avoir appris à connaître
notre pays et ses conditions sociales, acquirent
la conviction qu'à bien des égards notre développement national ne le cède pas à celui des
Etats de l'Occident et que les deux parties ne
feraient que gagner à établir une collaboration
mutuelle étroite. Aussi les députés français, aussitôt rentrés dans leur pays, constituèrent, au
sein du Parlement, un groupe qui s'est donné
pour tâche de travailler au rapprochement franco-polonais et de coordonner l'action commune
des deux pays dans les questions politiques,
économiques et culturelles qui les intéressent.

Cette action a été couronnée d'un plein
succès. Quelques centaines de députés et sénateurs ont adhéré à cette organisation, qui est
la plus importante parmi les groupements ana-
logues du Parlement français. Il convient d'y
insister d'autant plus qu'elle a été créée dans des
conditions difficiles, au temps des crises ministérielles et des travaux particulièrement actifs
des deux Chambres dans les problèmes financiers.

Le député Jean Locquin, membre du parti
socialiste, devint le chef du groupe parisien,
fonction qu'il exerce jusqu'à ce jour. M. Locquin, qui avait pris part au voyage des députés
français en Pologne, dirige avec une énergie et
un zèle exceptionnels les affaires du groupe,
autant dans le Parlement précédent que dans
celui issu des élections de 1928 où le groupe
compte plus de 400 membres. Il est secondé re-
marquablement dans ce travail par le secrétaire du groupe M. Edouard Krakowski, fils
d'un émigré polonais, ayant des relations très
étendues dans le Parlement français.

202

Le groupe polono-français au sein de la Diète et du Sénat de Varsovie, équivalent du groupe de Paris, a été fondé à la même époque c'est-à-dire au mois de décembre 1925 par suite de l'initiative de M. Jean Debski, vice-maréchal de la Diète et du député Niedziałkowski. Ce fut le premier groupe de ce genre dans le Parlement polonais, car le groupe polono-roumain, déjà formellement constitué à ce moment, n'avait pas encore commencé son activité. La création du groupe a été saluée avec une vive sympathie et sa tâche consistant à rapprocher les assemblées législatives des deux pays a trouvé toute la compréhension qu'elle méritait.

Le groupe de Varsovie était présidé, à la Diète et au Sénat précédents, par M. Jean Dębski en tant que président de la Commission des Affaires Etrangères et depuis les élections de 1928 elle l'est par le président actuel de cette commission prince Janusz Radziwiłł. Le groupe a organisé ses travaux, pendant les deux années de la législature écoulée, dans trois sections: politique, économique et culturelle, et s'est préoccupé de toute une série de problèmes qu'il serait impossible d'énumérer ici, mais dont il importe de mentionner un qui présente une importance particulière, savoir: les travaux préparatoires en vue d'obtenir l'appui du Parlement français à la demande formulée par la Pologne qu'un siège permanent lui fût reconnu au Conseil de la Société des Nations.

La collaboration des deux groupes s'est manifestée avec le plus d'intensité lors du voyage des parlementaires polonais en France, voyage organisé par le groupe de Paris en 1927 (février — mars). C'est le député Capgras et le

secrétaire du groupe. M. Krakowski qui se char-
gèrent de l'organisation de ce voyage qui a parfaitement réussi grâce à un programme établi
avec soin et à sa remarquable exécution. N'étant
pas en mesure, faute de place, d'entrer dans les
détails de ce voyage en France qui a duré quatre semaines nous nous bornerons à noter que
l'un de ceux qui y participèrent en a fait une
description détaillée qui sera publiée sous peu
afin de commémorer cette visite dont nos parlementaires ont remporté des souvenirs particulièrement agréables et qui, à n'en pas douter, a contribué à rapprocher nos deux organisations et
a appris à ses membres à mieux se connaître.

C'est à 1926 que remonte la première tentative de publier un organe du groupe. Notamment un cahier de quelques dizaines de pages
a paru à cette époque intitulé: „Bulletin du Groupe parlementaire Polono-Français". Cette publication ne contenait cependant qu'un compte rendu des travaux d'organisation. Le groupe n'a
cessé de songer à créer une publication qui pût
exprimer les différentes opinions et courants
politiques se faisant jour sur le terrain du Parlement et fût rédigée en langue française, pour
pouvoir informer utilement les milieux parlementaires des autres pays.

A la suite des élections de 1928 plus de 60
membres du Groupe entrèrent dans le nouveau
Parlement. Ils formèrent un comité d'organisation qui déploya une active propagande parmi
les partis politiques ce qui porta les effectifs du
groupe à 230 députés et sénateurs.

Poursuivant d'une façon conséquente la
réalisation des anciens projets, au mois de juin
1928 s'est constitué, sous la présidence de M.

Stanislas Thugutt, ancien Vice-Président du
Conseil, un Comité de Rédaction comprenant
plusieurs journalistes, publicistes et députés
éminents (on trouvera la liste du Comité à la
première page de chaque cahier). Le comité a
décidé d'entreprendre la présente publication
en éditant chaque trimestre un fascicule formant
tout un volume. Il a été également établi que,
dans les colonnes de cette publication, seront
traités tous les problèmes de la Pologne et de
l'étranger et que le premier volume serait consacré aux relations polono-allemandes. Ce n'est
que les travaux parlementaires intenses pendant la session budgétaire qui ont rendu impossible la parution du premier volume le mois de
mars a. c.

Nous livrons aujourd'hui au public le II volume qui a pour but de faire ressortir l'oeuvre
accomplie par la Pologne dans les principaux
domaines de son activité nationale pendant les
dix premières années de son indépendance.

L'examen de l'activité du Groupe pendant
les six mois écoulés nous conduit à constater
qu'en dépit des apparences cette activité n'a pas
faibli, mais s'est concentrée d'une part autour
de la publication mentionnée plus haut et d'autre part a été appliquée au développement des
contacts personnels de nos députés et sénateurs
avec le Groupe de Paris. Dans le courant de
l'hiver et plus tard à l'occasion des funérailles
du Maréchal Foch et de l'inauguration du monument d'Adam Mickiewicz à Paris de nombreux représentants de notre Parlement et
membres de notre groupe entrèrent en rapports
personnels avec les milieux politiques français
et eurent l'occasion d'exprimer publiquement

leurs opinions. Nous reproduisons ci-après plusieurs de leurs discours, notamment ceux de M. Ignace Daszyński, Maréchal de la Diète, du prince Zdzislas Lubomirski et de M. André Strug, sénateur.

Dernièrement le groupe de Varsovie a pris part à l'organisation du voyage d'un groupe des parlementaires français en Pologne qui se proposent de rendre aux parlementaires polonais la visite que ceux-ci ont faite en France en 1927. Ce voyage doit avoir lieu dans la première quinzaine du mois de septembre 1929.

DISCOURS DE M. I. DASZYŃSKI,
Maréchal de la Diète.

Monsieur le Président, Monsieur d'Ambassadeur, Mes chères Collègues, Messieurs,

Je suis profondément ému de prendre la parole devant vous et je m'empresse de remercier le Groupe Parlementaire Franco-Polonais et mon ami Jean Locquin qui le préside avec tant d'autorité, et le Comité directeur de l'Union Interalliée de me donner l'occasion d'être parmi vous ce soir.

Je remercie tout particulièrement mon éminent collègue, M. Fernand Bouisson, Président de la Chambre des Députés, qui a bien voulu faire le long trajet de Saint-Raphaël à Paris pour présider cette belle manifestation de l'amitié franco-polonaise.

Monsieur l'Ambassadeur de Pologne a dit, du monument Mickiewicz, que le Pélerin polonais poursuit sa route, le bâton à la main, car la Pologne n'a pas encore achevé son oeuvre: l'indépendance de l'Etat polonais, ressuscité, est encore très récente.

Permettez-moi, Messieurs, de vous montrer, et ce que c'est pour les Polonais que leur indépendance politique, et ce que fut pour eux leur si long pélerinage, c'est-à-dire leur esclavage.

Je ne voudrais pas troubler la belle sérénité de cette soirée en rappelant les cruautés que nous avons dû subir, même au XX-e siècle, à l'heure même du plus grand épanouissement des arts, des sciences, et de la littérature en Europe Occidentale. Cependant, je tiens à vous donner la possibilité de juger les choses par vous-mêmes en vous faisant connaître quelques-uns des faits les plus importants.

Le Tzar, après la défaite subie en Mandchourie en 1905, se décida à introduire le système parlementaire en Russie: dans le même temps, en Pologne russe, au cours des années 1906, 1907 et 1908, on pendait plus de deux cents socialistes polonais par an!...

Je vois ici les représentants éminents du parti socialiste, radical-socialiste et de tant d'autres partis républicains. Que seraient devenus tous ces partis au XX-e siècle si, chaque année, deux cents de leurs membres les plus éminents avaient été guillotinés? Remarquez que la Pologne russe ne comptait alors que dix millions d'habitants, tandis que la France en avait quatre fois autant.

Voilà le traitement que nous infligeait le Russie slave. Et, dans l'état „der Gottesfurcht und Guttersitte" (qui craignait Dieu et avait des moeurs vertueuses), en Prusse?

On arrachait la terre aux Polonais, on proscrivait la langue polonaise à l'école et dans la vie publique. Nous y voyions des malheureux paysans de la province de Poznan habiter avec leurs familles de misérables roulottes, car souvent les autorités prussiennes leur refusaient la permission de bâtir des maisons sur leurs propres terres. Et tout cela, au nom de la culture prussienne!

Seule, l'Autriche, vaincue en 1859 et en 1866, consentit à accorder une autonomie nationale aux Polonais. Il y avait une Diète polonaise à Léopol, et il y avait en Pologne autrichienne deux Universités, une Académie des Beaux-Arts, une Académie des Mines, une Académie des Sciences et des Lettres, des écoles polonaises et des fonctionnaires polonais.

Mais, en revanche, Vienne exigeait du bétail, du charbon, du blé, de l'argent et des recrues. Et l'on traitait la Pologne autrichienne comme une colonie, tout juste propre à l'exportation de l'industrie autrichienne.

Voilà quelle était la vie des Polonais au centre même de l'Europe, au commencement du XX-e siècle. Mais, condamnés à mort, nous ne voulions par mourir!... nous étions le trouble-fête perpétuel de l'Europe, de la démocratie et même des socialistes. En dehors d'une petite poignée d'intellectuels français, hommes d'une rare noblesse d'esprit, nous n'avions point d'alliés en Europe. Ceux qui trouvaient notre cause sympathique, nous conseillaient d'être ,patients et de rester tranquilles. L'Europe des conservateurs ne voyait en nous que des catholiques persécutés; celle des partis de gauche, des nationalistes opprimés, et les socialistes n'avaient à notre service que les résolutions chaleureuses des congrès internationaux. Bref, nous devions rester pour l'Europe „un peuple intéressant", dont la tragédie pouvait changer, si facilement, en comédie grotesque.

Notre Pélerinage, symbolisé par l'oeuvre magnifique du Maître Bourdelle, devenait, avant la guerre mondiale, de plus en plus pénible et cruel. Et quelle tragique odyssée que celle des Polonais au milieu de la guerre de 1914! Deux millions et demi de Polonais étaient dispersés dans les trois armées combattantes: de l'Allemagne, de l'Autriche et de la Russie.

Voici un épisode conté par un témoin oculaire: c'était sur les bords de la rivière Bzura en Pologne. Des tranchées: d'un côté, celles des Russes, de l'autre, celles des Allemands. Un soir, après une canonnade terrible, tout se calma. Alors on entendit s'élever des tranchées allemandes le vieux chant religieux: „Nous implorons ta protection, ô Seigneur" c'était des paysans polonais, devenus soldats allemands, qui le chantaient. Mais, à peine l'eurent-ils achevé, que des tranchées russes, un chant lui répondit: c'est le même chant entonné par d'autres paysans polonais, portant l'uniforme russe. La tragédie du peuple polonais était à son apogée. Les Polonais devaient s'entre-tuer dans une guerre fratricide, sous les drapeaux et pour la cause de leurs ennemis.

Mais ce peuple s'obstinait à vivre, malgré tout. Il préparait pour la guerre mondiale les meilleurs de ses

fils: ouvriers, intellectuels, paysans. Les partis: socialiste, radical et autres créèrent les Légions polonaises. On fit flotter le drapeau de la Pologne avec sa dévise:
République polonaise, démocratique et indépendante.

Je ne tenterai pas de vous conter l'histoire de ces Légions polonaises. Je vous dirai seulement qu'avant même que le Congrès de Versailles eût proclamé l'indépendance de la Pologne, le peuple polonais l'avait déjà créé au mois de novembre 1918. Il organisa son pays en République libre, basée sur le principe démocratique, en introduisant dans ses institutions le suffrage universel pour les hommes et pour les femmes.

Ce n'était donc pas un simple cadavre politique que le Congrès de Versailles ressuscitait. La Pologne travaillait et vivait déjà comme un Etat indépendant quatre jours avant l'armistice du 11 novembre 1918. Les Nations alliées avaient donné à la Pologne ses frontières, mais pour fixer certaines de celles-ci, la Pologne dut supporter une nouvelle guerre, la guerre avec la Russie des Soviets (1919-1921) à laquelle mit fin le Traité de Riga.

Cette guerre aurait dû ouvrir les yeux de l'Europe Occidentale. Car c'est alors que la démocratie polonaise se dressa comme un rempart sur le chemin de l'Europe Occidentale et empêcha Trotzky d'aller faire abreuver ses chevaux dans le Rhin, comme l'annonçait ce moderne Attila.

Peut-être, maintenant, comprendrez-vous pourquoi Mickiewicz demandait à Dieu une guerre mondiale pour faire ressusciter la Pologne. Ceux-là mêmes, qui ont joué un rôle important dans l'histoire contemporaine, ne me comprendront que mieux.

Il n'était pas possible de réorganiser l'Europe, en y laissant tant de peuples privés de leur liberté et de leur existence politique. La guerre mondiale a accompli cette oeuvre de délivrance et de justice.

La Pologne ressuscitée par l'effort de sa propre volonté et par les décisions du Congrès de la Paix, est aujourd'hui le plus fervent partisan de la paix mondiale, comme le prouve toute sa politique pendant ces dix premières années de son indépendance.

La démocratie polonaise se souvient de son esclavage qui a duré plus de cent ans, aussi son plus grand souci, c'est de maintenir la liberté et l'indépendance de la Pologne et de conserver des relations d'amitié avec toutes les Nations. La jeune République polonaise n'a pas seulement donné à ses nationaux des droits politiques, elle leur a donné aussi des droits sociaux. „La journée de huit heures", la protection sociale, tel était l'objet du premier Décret publié par le premier Gouvernement polonais: celui-ci avait pour président, un socialiste. La législation sociale de la Pologne peut aujourd'hui supporter la comparaison avec toutes celles de l'Europe. La démocratie polonaise n'a pas, non plus, perdu de vue, les millions de paysans sans terre, et a entrepris la réforme agraire, afin de leur permettre de travailler leurs propres terres. Cependant, sur notre sol, la guerre a duré deux ans de plus qu'en Occident, c'est-à-dire six ans en tout.

La Russie nous a laissé 80% d'illettrés en Pologne russe. Ce fut là tout notre héritage.

Notre esclavage nous a laissé encore un autre problème à résoudre, celui des minorités ethniques. Je ne peux pas entrer ici dans tous les détails de cette question. Qu'il me suffise de marquer que la démocratie polonaise montre la meilleure volonté pour résoudre cette question: elle s'inspire de l'esprit d'égalité des droits de tous les citoyens; elle respecte leur vie spirituelle et leur culture nationale qui doit trouver en Pologne des conditions propices à son développement. Nous ne demandons à nos minorités qu'une chose: faire preuve de loyalisme envers l'Etat polonais c'est-à-dire

garder ce que M. Chamberlain a appelé à Genève, „les
mains propres". Mais nous sommes loin de méconnaî-
tre l'importance et les difficultés du problème.

Tout cela exige et beaucoup de travail et beaucoup
de capitaux. Le travail, nous n'en manquons pas; quant
aux capitaux, nos richesses naturelles nous permettent de
faire face régulièrement aux intérêts des capitaux prêtés.

L'activité de la démocratie polonaise ne se manifeste pas seulement à la Diète, mais aussi dans tous les
domaines de la vie publique où la valeur et l'esprit
créateur de l'homme jouent un rôle dominant. Mais
dans cet Etat, jeune encore, le rôle du Parlement a pris
une importance considérable et, dans beaucoup de cas,
décisive. La démocratie en Pologne, comme ailleurs,.
estime qu'il n'est pas permis de disposer du sang, de
l'argent, des droits et du travail des citoyens, sans le
consentement du Parlement. Et aucune „crise parlementaire" (expression à la mode aujourd'hui), ne saurait justifier qu'on touchât à cette base de la vie sociale et politique en Pologne.

Il y a encore en Pologne des discussions passion-
nées sur le changement de la Constitution polonaise de
1921; car la seconde Diète normale est celle qui peut
changer la Constitution sans le consentement du Sénat.
Il ne m'appartient pas de décrire ici toutes les phases
de cette discussion; il ne m'appartent pas non plus de
supputer les chanches de telle ou telle tendance politique en Pologne. La seule chose qui je puisse affirmer,
c'est que la démocratie polonaise sera toujours à la
hauteur de son devoir et saura défendre la souveraineté
politique du peuple; de ce peuple qui n'a jamais plié
sous le joug de l'étranger, de ce peuple qui a pu sur-
monter toutes les épreuves, même celles du feu et de
la vie.

DISCOURS DU PRINCE ZDZISLAS LUBOMIRSKI,
Sénateur.

En prenant la parole au nom du Groupe Parlementaire franco-polonais à Varsovie, je m'empresse en premier lieu de remercier Monsieur le Président de la Chambre pour son précieux concours, Messieurs les Ministres qui ont l'amabilité d'assister à notre fête franco-polonaise, Monsieur le Comte de Beaumont pour sa gracieuse hospitalité et les paroles bienveillantes qu'il a voulu nous adresser, et enfin et même surtout, Monsieur le Député Evain pour l'admirable et éloquent discours; nous l'avons écouté avec une sympathie émue, ses paroles généreuses et amicales ont pris le bon chemin vers notre coeur et notre esprit.

Au cours des brillantes manifestations qui ont accompagné le geste magnanime de la ville de Paris, geste qui a trouvé un écho retentissant dans toute la Pologne, des personnalités infiniment plus qualifiées que moi, ont défini et glorifié le rôle éminent de Mickiewicz, parmi les plus grands esprits du Monde. Rendant hommage avec fierté à cette personnification du génie polonais, je tiens à souligner que la destinée offre aux humains, à travers toutes les époques de l'histoire, l'universalité des grands génies, et permet de puiser à cette source limpide de leur clairvoyance des enseignements pour le développement et le progrès des peuples. La lumière que, selon l'expression du grand Michelet, Mickiewicz a allumée sur le Monde, a été le flambeau guidant le peuple polonais sur la voie ténébreuse de l'opppression à travers les sanglantes et douloureuses épreuves vers l'aurore resplendissante du renouveau national. Confiant dans l'avenir, soutenu par la puissance de son esprit prophétique, le grand poète, le grand patriote suivait solitaire cette route ardue, indiquant à ses frères la marche ascendante vers l'idéal, commun aux peuples épris de droit et de liberté. La Nation polonaise ne cessa d'avoir foi en sa parole, elle souffrait le martyre, attendait avec patience, elle espérait. C'est ainsi qu'au moment du triomphe final de la justice, et grâce à ce triomphe, dont le grand artisan a trouvé le repos éternel sous le dôme glorieux des Invalides, la Pologne reconquit sa place entre les Nations libres de l'Europe. J'ai eu l'insigne et l'émouvant honneur de représenter avec mes collègues le Parlement polonais aux obsèques du Maréchal Foch. Le deuil national français toucha, dans ses fibres les plus intimes, le coeur de tous les Polonais. Ils furent unanimes à ressentir qu'une grande lumière s'est éteinte, qu'un grand coeur a cessé de battre. Nous transmettrons comme un ordre formel à nos enfants, aux générations à venir, un pieux devoir: la garde sacrée d'un souvenir à jamais reconnaissant envers la mémoire du grand soldat. Doué par la providence, conscient de ses mérites, de l'éfin celle du génie qui donne la victoire il fut la personnification du courage, du devoir accompli, d'une tenace et sûre persévérance au milieu de la menace grandissante, guidé et animé dans son dur labeur par le plus pur et le plus sublime amour de la Patrie, trouvant encore dans son vaste coeur une large place pour les nations opprimées dont il a aidé à secouer et briser le joug.

La Pologne renaissante, reprenant son rôle séculaire comme sentinelle de la culture occidentale dans nos confins de l'Est, a renoué en même temps avec la France les liens traditionnels d'une confiante et réciproque amitié. C'est au développement des rapports mutuels entre nos deux pays, dont l'union étroite constitue un des éléments les plus stables de la paix en Europe, que nous devons réunir nos efforts, sans égard aux différents obstacles pouvant parfois, malgré et contre nous, entraver notre collaboration amicale. Pour arriver à nos fins il nous faut une volonté claire, un travail continu mené dans l'esprit d'une confiante compréhension et d'une par-

faite franchise. Les deux Parlements, en prenant l'initiative de former dans leur sein des groupes parlementaires
franco-polonais, ont prouvé leur ferme intention de servir une noble cause correspondant aux intérêts bien compris des deux pays. Les grands problèmes d'ordre politique qui occupent aujourd'hui les esprits en Europe et
touchent de très près les intérêts vitaux des nations intéressées rendent particulièrement nécessaire l'harmonieuse
coordination de nos efforts. Comment pourrait-on concevoir, après les douloureuses et tristes expériences de la
longue tourmente, le problème de la sécurité pris dans
son ensemble, traité autrement que par une coopération
suivie des nations qui ont le droit et le devoir de veiller
au maintien de la paix? Français et Polonais, nous n'as-
pirons qu'à laisser aux générations futures un patrimoine
intact avec les garanties nécessaires d'un épanouissement
pasibile de leur culture nationale et de leur forces créatrices. Le génie de la nation française, malgré les boule-
versements et les crises provoquées dans la structure économique du Monde par la grande guerre, a su pourtant
donner un exemple éclatant d'énergie et de volonté en
reconstruisant les régions dévastées et plaçant la France
de nouveau à la tête des Puissances économiques et civilisatrices du Monde. Je suis heureux de constater, dans
le domaine de nos relations économiques, un important
progrès: la Pologne vient de conclure un traité de commerce avec la France, traité qui renforcera certainement
et élargira nos rapports dans ce domaine.

Le temps me manque, Messieurs, pour retracer tous
les problèmes de notre activité et nommer tous les travaux qui attendent leur solution dans l'avenir. Je me suis
permis seulement d'exposer dans ses lignes générales notre collaboration actuelle. Nous garderons un souvenir
ineffaçable du chaleureux accueil qui a accompagné les
manifestations d'amitié de ces derniers jours. Nous l'em-
porterons dans notre pays comme un gage précieux pour

le travail futur vers le rapprochement toujours plus étroit de la Pologne à la glorieuse Nation française.

L'oeuvre inspirée du grand sculpteur français occupera désormais une place d'honneur dans la capitale de la pensée et de la parole. Dans la ville Lumière, parmi les plus grands génies de la race française, elle symbolisera notre amitié croissante et l'affinité de nos deux civilisations. Je lève mon verre à la prospérité de la France, à la réalisation de nos desseins, au succès de nos efforts réunis. Nous, Polonais, nous mettrons notre coeur et notre intelligence au service de la noble cause, et avec votre concours efficace, Messieurs, et l'expérience et la grande autorité de la France, nous construirons l'édifice de concorde, de paix et de liberté en donnant ainsi un exemple aux autres nations, pour le repos et le salut de l'humanité entière.

DISCOURS PRONONCE A LA SORBONNE PAR M. ANDRE STRUG, SENATEUR

Mesdames, Messieurs,

Au nom des hommes de lettres polonais j'ai l'insigne honneur de m'adresser à vous en cette circonstance solennelle qu'est la fête de Mickiewicz.

C'est une dette éternelle que celle que nous avons contractée envers ce poète. Depuis le jour où ses premiers écrits avaient plongé dans l'admiration la nation polonaise plus d'un siècle s'est écoulé, sans que se soit atténuée l'impérieuse influence, l'énorme portée de son oeuvre. Nous tous, écrivains polonais, nous l'entendons dans nos coeurs telle une voix qui vibre et résonne sans trêve.

Sa parole magique ne cesse d'éveiller en nous des échos qui stimulent notre ardeur au travail. Il est l'expression parfaite de notre race; en lui vit, incarnée dans

la sienne, l'âme de la Pologne entière, quoi d'étonnant
qu'il soit aussi le père de notre littérature moderne. Son
apparition dans notre poésie touche au miracle. Dans
l'aride désert que nous a laissé notre dix-huitième siècle,
dans ce désert dénudé de talents, privé de la parole vivante, immédiatement après la période pseudo-classique,
impuissante et mesquine — voilà que, soudain, surgit le
phénomène de l'inspiration de Mickiewicz, et que se ré-
vèle spontanément sa parole nouvelle vivante et prophétique, jaillissant du plus profond de l'âme polonaise,
cette parole, qui, désormais, sera celle de son peuple.
Tandis que les poètes français de cette époque héritaient
de leurs aînés un style poétique, une langue polie et docile, lui, il n'avait pas de prédécesseurs. Telle une source,
il jaillit de la glèbe natale, dans ce pays martyrisé.
N'est-ce pas là un signe manifeste de la fatalité historique? Dès que la Pologne, opprimée, déchirée s'affaisse
sous le joug — voici que surgissent les grands poètes: ce
sont eux qui viennent au secours de leur patrie, pour que
la nation puisse durer, pour que soient sauvés son âme
et son espoir. Dans leur oeuvre retentit le cri de la ré-
volte du peuple enchaîné, à travers leur oeuvre rayon-
nent les forces secrètes de la nation et son inébranlable
espoir. S'est ainsi que la poésie devient le guide de la
Nation. Parmi les chantres de cette epoque Mickiewicz
est le premier et le plus grand; il nous est aussi le plus
cher, le plus proche de notre âme. Tout le charme de la
poésie et ses sommets les plus sublimes — il a su les
traduire dans sa parole, simple, lucide, accessible à tous.
C'est lui qui descendit au plus profond de l'âme de sa
génération — combien éprouvée — pour étaler au granr
jour l'atroce martyre des opprimés. Lui seul avait le droit
de dire: „La Patrie et moi — nous ne faisons qu'un seul",
et cette parole fut sanctionnée par son peuple comme
une verité manifeste. Les ailes protectrices de son génie
se déploient sur les générations de notre nation, et sur
les générations de notre littérature.

217

Pendant plus d'un siècle, la littérature polonaise réalise le testament de Mickiewicz. Tout poète digne de ce nom doit se mettre au service de la Patrie pour contribuer à l'oeuvre de l'affranchissement. Et de nous jours encore, tout poète polonais, pour être digne de ce nom, doit ajouter son labeur aux efforts de la nation entière, pour l'epanouissement de la Pologne ressuscitée.

En dehors de sa patrie, moins connu par ses oeuvres, Mickiewicz est surtout célèbre en tant que grand poète de la propagande et de l'action. Dans cette epoque d'une universelle agitation des esprits, à l'aube et lors de l'intervalle qui sépare la Révolution de juillet de celle de février, il n'y avai pas un recoin de la terre où n'ait retenti la gloire de Mickiewicz, poète de la lutte, apôtre de la liberté des nations. Il est connu surtout en France qui fut pour lui une seconde patrie, en cette France — foyer mondial d'où rayonne l'idéal de la Liberté, de l'Egalité, de la Fraternité. C'est ici, sur le sol français, que Mickiewicz, fraternisant avec les plus nobles esprits de ce pays, construit l'histoire de son époque. C'est ici, en France, qu'il lutte, qu'il atteint les cimes de l'inspiration prophétique, et qu'il erre, tantôt vainqueur tantôt vaincu. Les professeurs de littérature disent couramment qu'à cette époque Mickiewicz cessa d'être poète pour devenir politicien, révolutionnaire international. Erreur! Erreur réelle et formelle que cette affirmation superficielle. Jamais Mickiewicz n'a été ce qu'on appelle un homme politique. Il était élan, flamme, transport—il était juste colère et prière fervente, fidèle à lui-même, à travers tous ses actes jamais il n'a cessé d'être poète. Seulement à cette époque de sa vie, lorsqu'il aura abandonné sa plume, c'est avec ses actes qu'il écrira son magnifique rêve — le rêve de la resurrection de la Pologne par l'affranchissement de toutes les nations subjugées, et par l'affranchissement politique et social des masses de travailleurs. C'est dans cette activité qu'il deploira désormais tous les trésors de son imagination, tous, ses dons merveilleux de poète de par la grace de Dieu. Etranger à tout calcul de la logique froide et aride, il n'était pas capable de toutes ces intrigues, de toutes ces demarches rusées et parfois perfides qu'on considère généralement faisant partie de l'art du diplomate. Il allait droit devant lui à travers tous les obstacles et proclamait la verité en laquelle il croyait fermement. Et cette vérité, il l'exigeait de l'univers entier; n'était-ce pas agir en vrai poète?

Visionnaire de l'avenir ensoleillé de l'Europe et du monde entier, ennemi de la réalité qui l'entourait, possédé par l'idée de sa mission, un des Grands Illuminés de l'Humanité — partout et toujours il est fidèle à lui même, partout et toujours il est poète. Un des coryphées du romantisme, c'est en romantique entété et incorrigible qu'il navigait sur les flots houleux de son époque. Plein de contrastes, lui, poète lucide, il se plongeait dans les ténèbres du mysticisme, il était catholique zêlé et ennemi de Rome. Révolutionnaire et socialiste, il fut, à la fin, un fervent napoléonien, et saluait avec enthousiasme l'étoile du Second Empire, car c'est de lui qu'il attendait l'affranchissement des peuples de l'Europe. Souvent accablé par des deboires — combien amères — il se redressait toujours et jamais ne perdait l'espoir. Et il cheminait à travers le monde, à la recherche de sa Patrie perdue...

Comment pourrons-nous ne pas admirer dans Maître Bourdelle, l'éminent créateur du monument de Mickiewicz, cette admirable intuition de l'artiste qui a su deviner l'âme de notre poète national. Il l'a compris et l'a representé comme un chantre inspiré qui s'en va loin dans le monde, pèlerin et apôtre à la fois. Vêtu de sa mante de pèlerin, son baton de pèlerin en main c'est ainsi qu'il restera désormais, dressé sur son soole, au coeur même de Paris.

C'est là le plus grand hommage que l'on puisse rendre à un étranger de génie. Et c'est, en même temps, la plus éclatante marque d'estime pour la nation dont il est le fils. Mais j'ose affirmer que cet hommage est bien mérité. Et puis: Mickiewicz était-il un étranger dans cette France où il a vécu la moitié de sa vie? Ici, il est chez lui, parmi les siens. Autour de lui s'assemblent les ombres illustres de ses amis, fils de cette grande époque, tous ces hommes de grand coeur avec qui, pandant vingt ans, il travaillait pour la Pologne, pour la France et pour l'Univers.

Cette famille de géants: Lamenais, Pierre Leroux, Saint Simon, Michelet, Edgar Quinet, Georges Sand, Raspail — ce sont ses frères. Fourrier, Considérant, Blanqui, Barbès, Ledru-Rollin, Louis Blanc — sont ses camarades.

En vérité! Le monument de Mickiewicz à Paris — ce n'est pas seulement l'hommage de la France au grand Polonais. C'est le symbôle sublime du rôle mondial de la France, le symptôme visible de l'expansion universelle de votre belle race, de votre civilisation, de votre glorieuse histoire. C'est pourquoi ce monument n'appartient pas seulement à mon peuple: Français et Polonais le contempleront avec le même juste orgueil. A jamais il restera ici, ce monument-symbôle, sur un des carrefours de Paris, de ce Paris qui est, lui aussi, le carrefour où se croisent tous les chemins du génie et de la pensée.

C'est avec une émotion indicible que je suis revenu, après de longues années, dans cette ville si chère à mon coeur. Et c'est avec la plus grande émotion que je rends hommage à cette ville admirable qui a été, de tout temps, et qui restera toujours, la Ville-Lumière, capitale de l'univers civilisé.

Au nom des écrivains polonais, je rends hommage à la ville de Paris pour avoir voulu mener à bonne fin d'anciens projets en érigeant à Mickiewicz ce superbe monument. Je rends hommage à cette ville, qui a prodigué l'hospitalité, qui a élevé et inspiré des générations

entières d'artistes polonais. C'est ici, dans les rayons de
son charme, que murissaient les talents. Nous autres,
écrivains et artistes polonais, jamais nous n'avions ici
l'impression d'être des étrangers.

Comme aux temps de Mickiewicz et des générations
qui lui ont succedé — de même de nos jours, nous trouvons ici l'accueil fraternel et la charmante hospitalité
d'une nation amie. Sur ce sol français, sur ce pavé de
Paris, nous voyons partout les ombres et les traces des
plus grands Polonais, de nos aïeux qui, durant la longue
nuit de notre joug trouvaient ici asile et compassion.
Cette ville vers laquelle, de tous les confins du monde,
convergent les foules — comme vers un gigantesque la-
boratoire d'idées, de travail et d'inspiration, cette capitale de la civilisation mondiale, c'est pour nous autres,
écrivains et artistes polonais, notre ville à nous, notre
cité chérie et adorée.

Salut et hommage à Toi, ville bienaimée, unique du
monde. A jamais tu resteras pour nous notre bois sacré,
et notre jardin d'Académus. Salut à toi, ville qui nous
eisorcelle, — comme le regard de la chimère qui nous
seduit — comme le sourire de la Joconde....

La propagande pacifiste polono-allemande.

A la fin du mois d'avril 1929 grâce à l'initiative des deux Ligues des Droits de l'Homme, la polonaise et l'allemande, une série de conférences publiques à eu lieu sur la possibilité d'une guerre entre l'Allemagne et la Pologne, à Koenigsberg, Schneidemuehl, Lodz, Varsovie, Cracovie, Beuthen et Breslau. Les discours étaient prononcés par le président de l'Association des pacifistes allemands général en retraite Schoenaich et par le député socialiste M. Falkenberg; du côté polonais — par M. Łypacewicz, ancien député; par M. Pragier, député socialiste et par M. Thugutt, ancien ministre. Ces réunions, dans toutes les villes où elles étaient tenues, ont réuni un auditoire important et ont éveillé de vifs échos dans la presse. Seulement à Beuthen et à Breslau la police a dû évacuer de la salle les nationalistes allemands qui protestaient d'une façon trop bruyante.

On trouvera ci-après le texte des discours des deux orateurs polonais:

DISCOURS DE M. PRAGIER.

La politique de paix après la guerre mondiale ne saurait se traduire uniquement par des mots d'ordre, qui paraissaient suffisants avant la guerre, sur la fraternité des peuples. Si puissante qu'eût été l'idéologie pacifiste du siècle écoulé, elle n'a pas réussi à atténuer les tensions économiques, sociales et politiques qui ont conduit à la guerre mondiale. La méthode pratique de la politique de paix doit consister de nos jours dans l'organisation de la paix fondée sur un plan rationnel et se proposant pour but de faire disparaître tout ce qui est susceptible de mettre en danger la collaboration pacifique des nations et à développer tout ce qui la seconde et l'encourage.

La guerre et la période d'après guerre que nous vivons actuellement a prouvé peremptoirement que la collaboration internationale ne peut être réalisée que dans des conditions d'égalité et d'universalité. De même que la dernière guerre qui a été un conflit universel et dont toutes les nations éprouvent les conséquences encore aujourd'hui, la paix ne peut être durable que si elle est générale. C'est donc, à mon avis, une illusion de croire à la possibilité d'une pacification du monde ou même de l'Europe qui aurait un caractère fragmentaire et qui ne comprendrait tous les Etats en cause traités chacun d'une façon égale.

Les protagonistes de la politique polonaise de paix et, au premier rang de ceux-ci, les socialistes polonais, partent de l'idée que le Protocole de Genève, cet instrument technique de paix le plus perfectionné que le monde ait jamais connu, offrirait la base la plus durable pour l'organisation de la paix. Toutefois, aussi longtemps que le Protocole ne sera pas devenu une réalité — et nous persistons à croire qu'il le deviendra un jour — nous sommes prêts à accepter toutes les me-

223

sures, fussent-elles partielles, susceptibles de nous rapprocher de ce but par le Protocole de Genève. C'est dans cet esprit que les socialistes polonais avaient, en son temps, donné leur appui à l'accord de Locarno qui a une si grande importance pour la pacification de l'Europe Occidentale.

D'autre part la démocratie, de même que toute la nation polonaise, est profondément convaincue que la reconnaissance des frontières franco-allemandes et polono-allemandes ne peut pas avoir un caractère différent sous peine d'affecter les rapports mutuels des trois Etats intéressés. Et c'est sur cette solidarité que repose notre espoir que les affres de la guerre, qui serait inévitablement une guerre mondiale, seront épargnées aux générations futures.

A mon sens, le principe même de l'intangibilité du statut territorial doit être reconnu comme base pratique de la politique de ces trois pays.

La paix serait, semble-t-il, le plus dangereusement menacée si l'on négligeait de pacifier les frontières orientales de la Pologne. En s'inspirant de cette idée les socialistes polonais ont vigoureusement appuyé l'adhésion de la Pologne au Pacte Kellogg régional à l'Est par la signature, sur la proposition de M. Litvinov, d'une convention de non-agression avec l'U. R. S. S. Il est à remarquer que la presse gouvernementale a repoussé non sans ostentation l'initiative de M. Litvinov et s'est à sa vive surprise que le gouvernement a opté pour l'opinion exprimée par la presse socialiste.

Nous n'ignorons pas, bien entendu, que tous les traités, écrits, même si ses signataires sont animés de la meilleure bonne volonté, perdent progressivement leur force vive si la pratique de la vie quotidienne ne cesse d'accumuler les éléments qui en minent les clauses. Et c'est pour cela précisément que nous attachons une si grande importance aux bonnes relations internationales.

Pour ce qui est des relations polono-allemandes
tout est à faire dans cet ordre d'idées. Il serait vain
de contester que des obstacles d'ordre sentimental en-
travent, tant en Pologne qu'en Allemagne, leur collaboration mutuelle. La Pologne d'aujourd'hui n'a pas encore oublié le rôle que jouaient les rois de Prusse dans
les partages dont l'ancienne République fut victime.
Plus tard, à une époque qui n'est pas encore suffisamment éloignée pour que la génération actuelle en ait
perdu le souvenir, l'histoire a voulu qu'à plusieurs
reprises les armées des deux nations s'affrontassent.
Enfin le souvenir — le plus douloureux de tous — de
la malheureuse politique d'extermination pratiquée par
les gouvernements prussiens dans les provinces polonaises n'a pas disparu des coeurs des Polonais.

Ces faits commandent un effort d'autant plus hardi
et efficace en vue d'écarter les obstacles qui s'opposent
à la collaboration polono-allemande. Et je suis profondément convaincu que cet effort est possible. Il
existe, en effet, entre les deux Etats, en dépit des entraves sentimentales et des difficultés diverses, une
collaboration économique qui continuait même à des
époques où leurs rapports étaient les plus tendus. Cette
collaboration est déterminée principalement par le fait
du voisinage des deux pays sur une frontière très
étendue. Cet état de choses, consacré par le verdict du
destin ne peut par conséquent être modifié d'aucune
façon. Cette collaboration procède en second lieu de
nécessités économiques. Voici un fait fort convaincant
à cet égard: lorsque, en 1925, la guerre dite douanière
éclata entre la Pologne et l'Allemagne, nombreux étaient
ceux, des deux côtés de la frontière, qui croyaient devoir assister à un relâchement de leurs relations économiques. Cette illusion est aujourd'hui entièrement dis-
sipée par les événements: en effet en 1929 le volume
des échanges polono-allemands n'est pas inférieur et, à

certains égards, est supérieur, à celui de la période qui
a précédé la guerre douanière. On peut en déduire
avec certitude que les forces qui coordonnent la vie économique des deux Etats agissent avec une force irré-
sistible et qu'il convient de faciliter leur action. C'est
pour cette raison que les socialistes polonais n'ont pas
versé dans l'illusion, si attrayante pour certains idéologues du „nationalisme" et de l',,autarchie" économique, mais se sont prononcés avec une entière franchise
en faveur de la conclusion d'un traité de commerce entre la Pologne et l'Allemagne répondant aux intérêts
vitaux de la production et de la consommation des deux
pays.

En cette matière nous sommes d'ailleurs tout-à-fait
solidaires avec nos camarades allemands, car les influences faisant obstacle en Allemagne au traité de
commerce avec la Pologne dérivent des milieux de
grands propriétaires fonciers intéressés à maintenir à un
niveau élevé les prix des produits agricoles, alors qu'en
Pologne ce sont les industries de transformation qui
désirent maintenir, aux dépens du consommateur, les
prix de leurs produits ainsi que, souvent, les méthodes
surannées dans l'organisation de la production.

Il n'est pas douteux que la politique intérieure de
la Pologne et de l'Allemagne peut exercer une importance considérable sur les rapports mutuels des deux
Etats. En Pologne, les socialistes ont été les premiers
qui ont établi un programme largement conçu pour la
solution du problème des minorités nationales. Pendant la dernière législature le groupe parlementaire des
socialistes polonais a déposé une proposition de loi
ayant pour objet de doter les minorités slaves, notamment ukrainienne et blanche-ruthène, habitant en masse
compacte les voyévodies orientales, d'un régime autonome à base territoriale. Cette proposition n'a pas été
réalisée à ce jour; si, toutefois, au début seuls les so-

cialistes étaient disposés à l'accepter, aujourd'hui toute la démocratie ouvrière et paysanne l'a incorporée dans son programme. En ce qui concerne les minorités allemandes et juives le groupe socialiste a déposé à la dernière session de 1929, une proposition de loi relative à l'autonomie scolaire tendant à assurer aux minorités intéressées une gestion administrative et générale autonome de leurs affaires scolaires et culturelles.

La mise en oeuvre des prescriptions juridiques garantissant le libre développement des minorités nationales dans les deux pays ne manquera pas de leur donner l'occasion de mieux se connaître et d'apprécier à sa juste valeur l'action solidaire.

D'autre part il importe de signaler l'importance des facilités dans le domaine du trafic des voyageurs et de marchandises. Je comprends fort bien le sentiment de malaise qu'éprouve l'Allemand lorsqu'en se rendant de Berlin à Koenigsberg il se heurte à des difficultés dans la communication sur le territoire polonais. Mais on n'écarte pas ces difficultés, au contraire on en crée de nouvelles et plus graves, en remettant en question l'ensemble des frontières de la Pologne. Par contre il semble que l'on puisse introduire, bien entendu après la conclusion du traité de commerce, des facilités dans le trafic entre les deux pays qui assureraient pratiquement la continuité du territoire allemand.

Je ne crois pas qu'en diminuant ou en passant sous silence les difficultés existantes nous soyons plus près du but poursuivi. Nous ne sommes pas en effet des idéologues ou pacifistes dans l'acception d'avant guerre mais des politiques pratiques qui désirent créer des conditions faisant obstacle aux conflagrations internationales. Une de ces conditions est l'entente polono-allemande, avancée ne fut ce qu'au point où se trouve actuellement le rapprochement franco-allemand, et la fusion de ces deux ententes dans un ensemble organique fondé sur le

principe de l'égalité et de la solidarité de tous les intéressés.

DISCOURS DE M. THUGUTT.

Avant de parler de la guerre, qui peut-être nous
menace, parlons de la paix. Nous vivons côte-à-côte depuis les époques les plus reculées de l'histoire et l'his--
toire de nos deux nations n'est pas une suite ininter-
rompue de guerres, d'invasions et de malentendus san-
glants, car elle est marquée par de nombreuses oeuvres
de paix et des services mutuels profitables aux deux
parties.

Sans fausse honte je suis prêt à reconnaître publiquement que la nation polonaise à laquelle j'appartiens
est redevable à l'Allemagne de nombreux et inestimables
services rendus dans le passé. Les négociants allemands
servaient d'intermédiaire avec les pays éloignés dont la
civilisation, dans son développement, a dévancé la nô-
tre. L'artisan allemand nous enseignait sa technique
professionnelle, l'agriculteur repeuplait les campagnes
vidées par les invasions mongoles. Nos villes occidentales étaient encore au moyen âge, soumises à une forte
influence de la colonisation allemande et non seulement
le droit mais aussi les coutumes et la langue des colons
étaient souvent allemands.

Dans les temps modernes nombreux étaient les jeunes gens qui puisaient la science dans les hautes écoles
allemandes où ils pouvaient apprécier à leur juste valeur votre capacité de travail, votre organisation supérieure de la vie, la force remarquable de votre volonté
qui a raison de tous les obstacles. Même ceux de nos
compatriotes qui étaient, jusqu'à une époque récente, citoyens des provinces polonaises de la Prusse, y acquirent des qualités de travailleurs de premier ordre, bien

qu'il faut reconnaitre que l'école était dure et le système d'éducation sans ménagement.

Pour notre part nous ne pouvons donner en échange que peu de valeurs culturelles supérieures. Mais, tout un siècle durant, la Pologne n'a cessé d'être le grenier de l'Europe, et si la porte polonaise eût été moins résistante, elle se fût à plusieurs reprises largement ouverte aux invasions musulmanes détruisant tout sur leur passage. Nous ne pouvons pas, il est vrai, nous vanter de posséder une administration bien organisée, de bonnes routes et de grandes richesses, mais, pendant de longues années, la Pologne a été le seul pays de liberté, le refuge de tous les persécutés, le modèle de tolérance religieuse et nationale, alors qu'ailleurs cette tolérance était rejetée même comme principe. Et nous avons vécu ainsi côte à côte durant plusieurs siècles, sans revendications mutuelles, sans haine et sans crainte d'une attaque sournoise.

Aujourd'hui — avouons le franchement — nos relations ont très sensiblement empiré. Nous ne faisons pas de guerre, mais nous ne savons pas organiser une paix définitive et durable. Cet état de choses n'est pas moins épuisant qu'une fièvre légère, mais continue. Si la cause en est dans le souvenir des pertes que nous a fait subir la guerre et de l'oppresion au temps des partages, il faut se débarrasser de ces souvenirs dans le plus bref délai. Ce n'est pas avec les souvenirs des malheurs et des faiblesses que l'on construit une vie nouvelle et saine. Et pourtant il faut vivre.

Pour vivre dans des conditions saines, pour vaincre les difficultés il faut vouloir avec force et il faut savoir vivre. Cette attitude doit se traduire, dans la pratique, par le rejet de tout ce qui fait obstacle à l'accord et dans la recherche des moyens de nature à favoriser un développement favorable. Ces deux remèdes méritent particulièrement d'être recommandés aux organismes

nationaux affaiblis par la guerre, comme l'Allemagne,
ou bien aux Etats réveillés d'une longue léthargie comme
c'est le cas de Pologne.

Bien entendu la vie et la politique de l'Etat com-
portent des problèmes extrêmement complexes et se
composent de multiples éléments d'ordre psychique et
matériel dont il n'est pas aisé d'opérer la synthèse et, ce
qui est plus difficile encore, de la mettre en accord avec
la volonté d'un autre Etat. Certains motifs peuvent nous
rapprocher, d'autres, peut-être momentanement plus
puissants ou plus vivement éprouvés, nous éloignent les
uns des autres en nous inspirant un sentiment de méfiance sinon de malveillance.

Mais à quoi bon mettre d'accord nos points de vue
sur toute l'énorme étendue du front de nos prétentions
et ressentiments réciproques? Si nous attendons le
moment où l'Allemagne et la Pologne se mettront à dis-
cuter, autour d'une même table le règlement de toutes
les questions posées par leur voisinage tant de fois séculaire aucune des personnes ici présentes et, sans-
doute, nul parmi les vivants d'aujourd'hui, ne verra pas
ce spectacle. Et, entre temps, les barils de poudres restent largement ouverts et, autour d'eux, des déments
agitent des torches incendiaires.

J'estime qu'il serait plus indiqué de s'attaquer immédiatement à la solution des difficultés qui se présentent dans différents domaines et de le faire avec la conviction profonde que ces difficultés, si grosses soient-
elles, ne pourront resister à notre bonne volonté. Prenons, à titre d'exemple, les relations économiques. La
Pologne a besoin de machines, de produits chimiques et
de certains articles alimentaires allemands. De son côté
l'ouvrier allemand pourra plus facilement équilibrer son
budget familial s'il peut s'approvisionner en porcins, en
oeufs et en beurre polonais. Toutefois, voici depuis cinq
ans que nous n'arrivons pas à signer un traité de com-

merce et nous nous faisons mutuellement la guerre douanière, la plus absurde de toutes les guerres. Si, en cette occurrence, il s'agit de réduire à merci le partenaire, il me faut constater qu'un voisin humilié et exploité ne sera jamais un bon voisin. S'il s'agit des difficultés techniques, j'avoue ne pas pouvoir imaginer comment deux hommes désireux de faire du commerce l'un avec l'autre n'arriveraient pas à s'entendre à cet effet. Même si la première convention conclue assurait à l'une des parties de plus grands profits qu'à l'autre ce ne serait là qu'un inconvénient insignifiant si on le met au regard des avantages que présenterait la pacification générale. Si, enfin, on voulait faire obstacle à la paix économique afin de ne pas laisser s'éteindre les ressentiments mutuels, ce serait là non seulement commettre une absurdité et un crime, mais ce serait aussi faire courir le plus grand risque à la paix.

Nous pourrions échanger non seulement des marchandises mais également des hommes vivants. Même des gens simples qui n'ont pas grand' chose à dire aux siens pas plus qu'aux étrangers, tireraient un grand profit d'un développement des échanges et de la connaissance mutuelle de nos deux pays. Combien de préjugés et de grossière ignorance ne ferait-on pas disparaître! Il serait encore plus important que les savants, artistes, spécialistes dans les diverses branches de l'activité humaine, Polonais et Allemands, se rendent plus fréquemment dans le pays voisin pour y chercher à s'entendre avec ses habitants sur un plan moral et dans un langage humain. J'appelle langage humain les souffrances et inspirations communes du monde d'après guerre qui cherche à retrouver, en y mettant un effort inouï, non seulement l'équilibre perdu, mais des formes nouvelles dans presque tous les domaines, de nouvelles croyances et de nouveaux idéals, les anciens ne suffisant plus pour vaincre les difficultés.

Nous vivons à une époque où plus d'une vérité
d'ancienne date évolue et s'effrite. D'ailleurs existe-t-il
des vérités absolues dans la vie de la communauté humaine? S'il s'agit des idées de Patrie et de Nation, de
leurs droits envers nous et de leurs obligations à leur
égard, chaque génération les interprète d'une manière
différente. La conception de patrie se trouvant au des-
sus du droit, conception presque uniquement basée sur
le culte de la force, et au nom de laquelle il était permis de tuer, de violer la parole donnée et d'exploiter,
est de plus en plus ébranlée. La souveraineté de
l'Etat indépendant, considérée comme intangible encore
dans un temps peu éloigné, est limitée, il est vrai dans
une mesure peu importante, par les organisations inter
ou supra-nationales, la Société des Nations ou la Cour
de La Haye. Pourquoi ne chercherions nous pas ces
nouvelles conceptions d'un commun accord, nous autres
habitants d'Europe, de cette Europe qui, heureusement se
pénètre de plus en plus de la conviction qu'il est impossible de vivre dans une atmosphère de lutte continuelle
et sans un régime de droit applicable à tous.

Sans doute, pour trouver le remède aux maux dont
nous souffrons, il faut faire un effort considérable. Il
faut, avant tout, s'affranchir de nombreux préjugés qui
se sont implantés dans les cerveaux des générations
successives et qui, aujourd'hui, empoisonnent notre pensée. Rejetons toute méfiance mutuelle qui, chez beaucoup d'entre nous, va jusqu'à la haine, laissons s'éva-
nouir cet écho du passé qui nous empêche de voir les
profits que pourrait nous assurer une concorde sincère
et durable. Mettons fin aux suspicions et craintes réciproques. Car la crainte peut, de même que la cupi-
dité, être la cause d'un conflit sanglant. Quant à moi,
je suis persuadé que le sentiment de peur n'est guère
justifié à l'heure présente. Pour le certifier je ne vous
donnerai pas ma parole d'honneur, car un pareil geste

serait, chez un homme politique, non seulement dangereux, mais ridicule. Cependant je tiens à déclarer, avec
force et pleinement conscient de mes paroles, qu'il n'y a
pas en Pologne ne fût-ce qu'un groupe infime d'individus qui souhaiteraient une aventure guerrière et qui
voudraient poursuivre un agrandissement territorial de
la Pologne aux dépens de l'Allemagne. Toutefois, il
suffit d'un article stupide d'un journaliste malhonnête, il
suffit d'une fausse nouvelle que personne ne prend le
soin de vérifier, pour que de paisibles citoyens se pré-
parent les mains crispées à prendre la défense de leur
pays soi-disant menacé. Or, si, des deux côtés de la
frontière, les habitants se couchent tous les soirs le revolver en main, un malheur se produira inévitablement.

Ne parlons pas non plus de l'honneur outragé de
nos deux nations et de nos deux Etats. Ces suscepti-
bilités do'vent prendre fin là où commence le tort d'au-
trui. Pensons plutôt aux moyens de faire régner des
bonnes relations mutuelles car, que nous le voulions ou
non, nous continuerons à vivre dans le voisinage les
uns des autres. D'autre part je ne crois pas qu'une affaire puisse être conclue entre deux hommes ou deux
nations d'une façon durable et profitable si cette affaire
n'assure des avantages qu'à une seule des deux parties
en cause.

Parlons donc plutôt de notre profit commun. Comme démocrate radical je suis l'adversaire de tous les
hommes qui ne donnent aucun profit à la communauté:
je leur dénie le droit de vivre côte à côte avec leurs
prochains dans des conditions d'égalité civique. Et je
vois qu'il en est de même en ce qui concerne les nations dont la raison d'être est d'être utile aux autres
nations.

Revenons maintenant à la question fondamentale qui
est l'objet de la présente réunion: ,,Il y a-t-il un danger de guerre entre l'Allemagne et la Pologne?". Eh bien

oui, il y en aura un si nous persistons dans les fautes
du passé, si nous n'entrons pas dans une voie nouvelle.
La guerre, sans être appelée par personne, même solennellement répudiée, peut venir subrepticement, comme le voleur de nuit, si nous ne trouvons pas le chemin
de la confiance mutuelle, si nous ne devenons pas utiles
les uns aux autres. Sinon nous nous engagerons dans
une voie qui doit inévitablement nous conduire à des
folies. Nous ne pouvons pas emprunter cette voie sous
peine d'être les bourreaux de nos propres enfants.

Je crois, par conséquent, qu'à l'heure actuelle c'est
un devoir de tous les hommes de bonne volonté, dans
les deux pays, des Allemands comme des Polonais, sans
renoncer à quoi que ce soit, sans cesser d'être de bons
fils de leur patrie, de tendre la main au voisin avec ces
mots venant du fond du coeur: la Paix, la Paix, la Paix.

TABLE DES MATIERES.